家づくり夢づくり

三田弘恵

元就出版社

はじめに

故郷をあとにし、大阪の地において住まいづくりというものに携わって十数年。私が今日に至るまでの間には一般ユーザーとして、また住宅産業を営むプロの目を通して数々の住まいを見てきました。

「住まい」とひと口にいってもその形態は「立派で大きな家」、「おしゃれな家」、「派手な外観」、「機能的な内装」また洋館、純和風の建築と実に多種多様であり、そこに住む人の数だけ種類があるといっても過言ではありません。その姿形は他人から見ればどうということのない家でも、持ち主にとっては大切な財産なのです。

私は仕事柄、人に「どんな家がいい家だと思われますか」と聞かれることがあります。そんな時、私は必ず「家族が幸せであり、安らげる家です」と答えます。もちろんプロの視点から見た丈夫な家づくり、快適に暮らすための素材や工法、技術、また品質や性能というのは必須条件であり、ハード面でのアドバイスはします。しかしいくら立派で快適な家ができあがっても、そこで暮らす人たちが幸せでなければ、それはいい家とはいえないと考えます。

住まいというのは睡眠時間を含めて一日の大半を過ごす空間であり、それを一年単位で考えると、その空間で過ごす時間が幸せか、そうでないかの差は人の心に大きく影響してくるでしょう。

もちろん長年住んでいるうちに建物がぐらついたり、歪んだりするという弱い家では安心して暮らせません。住宅産業の経営者としては強い家、丈夫な家をつくるための企業努力をし、少しでもいい家をつくるための商品開発への努力を怠ることはありません。

しかしその努力の根底にあるのは、その丈夫な家の中で日常を過ごす家族が、幸せに暮らせるようにという願いがあるからです。「いい家」とは建物が強固なこと、快適であること、そして家族団欒の場であることのいずれが欠けていても成り立たないものです。

家というのは、個人の趣味、嗜好が大きく影響するものでありながら、身に付けたり飾ったりという他の持ち物と違い、そこには暮らすということが含まれるため精神を大きく左右するものです。それは個人の主観だけでは決められるものではなく、家族という単位で考えると家族の和が大切であり、街という単位であれば近隣との調和を保つことが必要でしょう。

自分の城を持つに至るまでに行なわなければならないさまざまな条件や問題を考慮し、解決しながらやっと手に入れたマイホームであったとしても、そこで暮らす人たちの関係が健康でなければ安定した生活が望めません。

「いつか自分の城を持ちたい」ということは若い頃からの私の夢であり、多くの人の夢でもあるでしょう。しかし家を購入するには多くの資金が必要で、簡単に決定できるものではありません。また家は購入したものの、失敗だったと思っておられる方も多いと思われます。

本書では、家という高額な資産を生きたものにしていただくために、「住宅購入までの予備知識」、購入を決められた時の「住宅の正しい選び方」、そして購入された後に、自分の家で「豊かな住まいをつくるために」ということをまとめています。

特に若い世代の人たちにとっては、住宅購入という大きな買い物に失敗することのないように、またいつまでも安心して暮らせるための家づくりに少しでも参考になれば、私にとってこんな嬉しいことはありません。

最終章では、私の今日までの拙《つたな》い人生を通して、住宅産業に携わったきっかけを通じて、若い人たちにも「自分の城を持つ」という夢を持っていただきたく、また私の願いである「よい家づくり」への夢を示したつもりです。タイトルである「家づくり夢づくり」とは私の考える住まいへの思いを託したものです。「家」は購入するまでの努力もさることながら、購入後、「生活を送る」、「暮らす」ということのためにあるものです。住まいを通じて家族の絆がさらに深まるよう、皆が幸せな日々を送っていただくことを切に願います。

本書を「住まい」というものに興味のある方、また今後住宅を購入しようと思っておられる方、特に若い方々にはぜひ読んでいただきたいと思います。そして少しでも皆さま方の参考になれば幸いに存じます。

はしょっぱいあんパンの味／成功するまでは帰らない／ボロアパート生活に四苦八苦／やっと見つけた就職先で知る「生の素晴らしさ」／営業活動の孤独とつかの間の安らぎ／学歴社会が培ったハングリー精神／自分の城を持つ喜びと不動産業界への芽生え／がむしゃらに走り続けた修業時代／立田課長に学んだ営業の基礎／お客さまとのご縁／念願の独立、たった三人のスタート／素晴らしい出会いがつくった理想の事業形態／お客さまの喜びを自らの喜びに／よい商品を適正価格で提供すること／ショールームに並ぶ夢と生涯の友への思い／少数精鋭のスタッフとともに夢の実現へ／母に誓う「いい家づくり」への情熱／住まいがつくる家族の絆Ｉ／住まいがつくる家族の絆II

第一章

住宅購入の予備知識

営業マンで決まる住宅会社の善《よ》し悪《あ》し

　家を購入しようと思った一般ユーザーの方が、住宅会社やハウスメーカーに依頼する時、まず最初に住宅購入の際のあらゆることの窓口となるのは、その会社の営業マンです。営業マンとの交渉が家づくりのまず最初の段階であり、この相性によって家づくりが左右されるといっても過言ではありません。営業マンは家づくりのアドバイザーであり、自分の持つ知識と経験によってお客さまの要望にできるだけ応えるよう心掛けていますが、営業マンもまた人間であり、相性の悪いお客さまにはその知識が発揮できません。

　反対にお客さまの方もまた、安心して依頼できるのは営業マンとの相性がよく、その感性が信頼できるからです。ここで相性が合わずお互いを信頼できなければ、仮に購入を決定したとしても、契約までの過程には問題が出てくることも多いと思われます。

　もちろん家を購入されるのはお客さまなのですから、お客さまから営業マンの善し悪しを判断されることは大事なことです。

　では営業マンの善し悪しは、どのようにして見極めればよいのでしょう。住宅購入というのは、人生において大きなプロジェクトですからお客さまの方も自分なりに研究し、住宅についての知識を持っておられるでしょう。まず最初に営業マンとのヒアリングでは、あらゆる質問や疑問点をぶつけてみてください。

住宅建築はさまざまな要素で成り立っているものですから、いいところばかりではなく、お客さまにとってはデメリットとなる部分が必ず出てくるものです。それに対して、いいところばかりをオーバートークぎみに説明する営業マンは信頼性が薄いといえるでしょう。また、お客さまがピンとこない専門用語ばかりを羅列するというやり方も不親切だといえます。

自己資金の少ない方、年収の少ない方に対して態度が変わるというような営業マンは、いうまでもなくお客さまの方からお断りするべきです。そして面倒がって物件を見せたがらないという場合も前には進みません。

まず第一にお客さまとのヒアリングをきちんとしなくてはいけないにもかかわらず、一方的に話を進めて切りあげる人は、専門知識が少ないと考えていいでしょう。

営業活動というのは、商品に対して自分の持つ知識をきちんと説明する義務があると考えます。それは相手によって変わるものではなく、お客さまに対して誠意を持って商品の説明をすることが営業という生業なのです。

また、お客さまの予算や資金に応じた解決策を見つけるのも、営業という仕事の大切な要素です。

私の会社では、建築に対するあらゆる要素を一般ユーザーに分かりやすく説明できる広報を持ち、お客さまの資金を考慮しながら正直に、誠実に対応させていただくことを営業方針としています。もちろんお客さまが求められる物件の良いところも、悪いところもすべてを説明します。その上でデメリットとなる部分をカバーできる方法を模索するというやり方です。

お客さまが住宅を購入される段階ではその物件のすべてを把握し、納得していただいているのでいい信頼関係を保つことができます。もちろん購入後も、住まいにかんしてのご相談も気軽にしていただけることを喜んでいます。

営業マンの善し悪しは住宅会社の善し悪しでもあり、この選択を間違えるといい家を購入することはできないといっても過言ではないのです。

しかし、営業マンの方でも「もっとアドバイスしてあげたい」と思うお客さまと、「気をそがれる」お客さまに分かれることも知っておいて欲しいのです。住宅というのは欲しいと思ったからといって、すぐに購入できるものではありません。購入の際には誰しもがこだわりを持ち、できるかぎりの予備知識を詰め込んでいらっしゃいます。逆にそれが高じて攻撃的になったり、批判的になったり、猜疑心をあまり強く押し出されるお客さまに対しては、営業マンの誠意や良心が理解されない時もあります。

お客さまには予算があり、そのかぎられた予算の中でいかにいい家をつくってあげることができるかというのが、営業マンの腕の見せどころです。

いくら営業マンが適切なアドバイスをするつもりでも、いい家や住み心地のよさを求めるよりも価格ばかりにこだわる方、また友人や知人の意見に振り回されるような優柔不断な態度では前には進みません。

駆け引きをしたり、さぐりを入れたりということをしていると営業マンの意欲が萎えてしまいます。それは時間の無駄であり、結局は損をすることにもなりかねません。

営業マンを信頼し、正直に素直に自分の住みたい家を相談されれば、よりよい家を提供しようと思うのが人情です。人と人との信頼関係は、物事をスムーズに進めるのに最もよい手段でもあるのです。できあがった家に住むのはあくまでもお客さまなのですから、お客さまの住み心地のいい家をつくられるのが本来の住宅建設のつとめです。

しかし、そこにプロの的確な知識が入ることによって、よりよい家ができるのもまた事実です。

よい家をつくるためには、まず住宅建設の窓口となる営業マンを見極め、営業マンとの信頼関係を築くことが、自分の理想の家づくりの第一歩に繋がるのです。

発注先には気をつけて

家を建てるとひと口にいいますが、着工から完成までには実にさまざまな工程をふむことになります。一般ユーザーが家を建てる場合、まず住宅会社やハウスメーカーに依頼することが多いと思われますが、これらの会社には設計士や現場監督はいますが、実際に施工する職人さんすべてを抱えているということはまずありません。建築依頼を受けると、それぞれ専門の業者に発注するのです。

土木工事から建築までにかかわる業者にはざっと並べても基礎工事、軀体工事、大工工事、屋根工事、外壁工事、左官工事、塗装工事、タイル工事、クロス工事、建具工事、金属工事、エクステリア工事、電気設備工事、給排水設備工事、ガス工事、美装工事などなど、その他材木、建材、住宅設備、内装材、サッシなど、材料メーカーも含め数多くの業者がそれぞれの職人さんを擁して下請けという形で携わります。住宅会社からこれら業者へ下請け、孫請けという形で発注されるのです。

ゼネコンや住宅会社は一般ユーザーからの依頼を、建築に関わる一切の責任を自社で請け負いながら、実際には手を下すことはなく、実施施工をするのはそれぞれ末端の業者という形態ができあがっています。

ユーザーからすれば住宅会社から下請け業者へ、そのまた孫請け業者へとその過程が多ければ多いほど、コストがあがり、実際の建設費用が大幅に跳ねあがってくるという仕組みになっています。また現在の企業の大半が現金商売ではなく、手形での支払いになるので中間業者が多ければ多いほど、その分コストも高くなるのです。

一流のゼネコンや信頼できる住宅会社であれば、建築に関する知識も幅広く、自社で施工はしないまでも、業者との信頼関係もできており、ユーザーと業者間の意思の疎通をはかりながら、適切なアドバイスをしてくれます。完成後のメンテナンスまできちんと面倒をみてくれるので、コストが少々高くついたとしても安心して依頼できます。

しかしこれらゼネコンや住宅会社は、極端にいえばデスクと電話さえあれば商売が成り立つということでもあります。ユーザーと下請け業者の仲介をすることで利益をあげる、いわゆるブローカー的な生業のところも多く、専門分野の知識がない、また建築現場に対して責任を負えないところも多いのです。

発注先を間違えると無駄なマージン分だけコストはあがるけれど、その分のメリットは何もないということになりかねません。

ではユーザーが直接末端の業者や、施工会社に依頼するとコストが安くなるかというと、彼らは職人であり、業者間のつながりはあまりありません。建設においての工程を取り仕切り、現場においてのさまざまな職種をまとめる人もいないので、一般ユーザーには難しいことも出てきます。

それぞれの業者はもちろん専門分野の仕事にかんしては責任を持ってくれますが、その他のことには疎く職人気質なので、意思の疎通もはかりにくいということがあります。それが原因で思ったような家ができなかったり、何度もやり直しをしたりすると時間も取られ、結局はコストがあがるということになりかねません。

私の会社では、独自の工法の研究により、少しでもよい商品を適正価格で提供できるようになりました。これによりお客さまには不明瞭なコストをかけず、もちろん責任を持って着工から完成までを管理させていただいてます。

最近では他からは価格破壊だと非難されながら、自社で職人を抱えている住宅会社も増えてきつつありますが、いい家を適正価格で販売することを信条とする私には、これは本来の姿であり、住宅会社はそうなるように努力すべきだと考えます。

家を買うということは決して安い買い物ではありません。一般ユーザーの皆さんは、よりよい家を適正価格で、安心して買えるように発注先には十分気をつけてください。

どんな家も大工さんの腕次第

住宅ローンの準備ができ、設計図面が仕上がってくると、お客さまの頭の中では将来の自分の家のイメージができあがっています。さてそこからは机を離れ、具体的な建築に入っていくわけです。

私の会社では設計図面ができあがった時点で、コンピューターグラフィックのソフトの落し込みにより、一般ユーザーにも簡単に分かるシステムを持っていますので、建物の外観から玄関を入り、廊下を通って各部屋へと自分の目線で隅々を体感していただけます。平面では分かりにくところも立体的に見ていただけますので、よりイメージが伝わりやすいと喜んでいただいています。

この段階になるとあとは大工さんの仕事いかんで、良い家ができるのか悪い家に住むことになるのかが決まります。実際に家を建てるのは大工さんなのですから、家は大工さんの腕次第ということになります。

大工の棟梁は半分現場監督であり、大工さんがきちんとした仕事をすれば、あとの業者も仕事がスムーズに進み、仕上がりのいい住宅ができるのです。

もちろん住宅会社やハウスメーカーは、いい大工さんに仕事を発注することを念頭においていますが、こればかりは実際に仕事をしてみないと分からないという大工さんがいるのも事実です。では、いい大工さんを見分ける方法とは何かというと、一番簡単な見分け方は職人の命である道具をきちんと手入れしているかどうかです。料理の世界と通ずるものがありますが、仕事のできる職人さんは自分の商売道具はことのほか大切にします。もちろん毎日使うものですから、毎日の仕事が終わったあとにはていねいに手入れをします。

料理人が包丁を研ぎ、まな板を磨くようにノミやカンナをピカピカにしてあります。常識で考えても、これら道具が錆びていたり、歯こぼれしていては使いにくいのはいうまでもありません。

次に木材やボード、ベニヤなどの材料に足型がついているかいないか、常に足下の整理整頓ができているかいないか、また仕事を終えたあとの現場へいってみて、きれいに掃除をしているかどうかということをチェックしてみると、丁寧かいいかげんかということとともに、大工さんの仕事に対する姿勢が分かります。

余談になりますが、私の会社では大工さんの『工』という字を数字の『九』にもじって、いい大工さん、仕事の丁寧な大工さんのことを『大九』さんといっています。

これは『大一』から『大九』までの段階で、仕事の一番できない大工さんが『大一』さんで、いい大工さんほど数字があがっていくのです。『大九』さんの仕事は丁寧で、プロの私たちが見ても安心してその現場を任せられます。反対に『大一』さんになると、大工さんとは名ばかりでほとんど自己満足で、いいかげんな仕事に困惑させられます。

もちろん私の会社では『大九』さんだけに依頼するよう、未然に十分なチェックをしています。しかし私たち発注側にとっても、家づくりの企画段階ではできるかぎりの努力はしますが、最終的に建築段階に入ると職人さんに委ねるしかないのです。

皆さんも自分の家を建てる時、自分の目で確かめて、大工さんの仕事ぶりを見ておかれることです。職人さんのことですから、仕事中に話しかけられたりするのを嫌う方も多いと思われますが、家は大工さん次第なのですから、建設途中にはせめて何度か現場へ赴き、大工さんをチェックすることが大切です。

住宅ローンは強い味方

自分の住む住宅の購入というのは、一生に一度ともいえる高価な買い物です。当然価格は高額であり、購入資金のすべてを自己資金でまかなえるという人はほとんどいないというのが現状であり、ローンの利用は欠かせません。住宅は比較的高価だと思える車や貴金属とも比較にはならないほど高額な買い物であり、購入後には何十年という期間のローン返済が待っているわけです。

住宅ローンは他のローンと比べて長期にわたる返済が可能で、多額の資金を借りることができます。しかも金利も低く抑えられていますので最も有利な借金といえるでしょう。しかし、わずかな金利の差でも返済額に大きく差が開くのです。

購入時にしっかりとした資金計画を立てておかなければ返済不能となり、せっかく手に入れた住宅を手放すということもありえるのです。住宅購入の際には、住宅ローンの仕組みと基本的なアウトラインを知っておくことが大切です。

まず住宅ローンには公的融資と、民間ローンの二つに大きく分かれます。

公的融資とは政府系の金融機関からお金を借りる制度です。代表的なものには住宅金融公庫、年金住宅融資などがあります。いずれも非営利団体である公的機関が取り扱っているので、金利が低いということが大きなメリットです。特に住宅金融公庫は固定金利、年金住宅融資は返済開始一〇年間が固定金利であるため、世間の金利があがっても金利は同じなので、低金利の時期にローンを組むと有利です。

ただし、融資額に細かな基準があります。住宅金融公庫の場合、毎月の返済額が月収の二〇％以内です。また購入物件の八〇％までという制限があるため、残りの二〇％は自己負担となります。

一方、民間ローンとは民間の金融機関が扱う住宅ローンのことです。都市銀行や地方銀行、信託銀行という銀行を始め、信用金庫や信用組合、信販会社、生命保険会社など、数多くの機関が住宅ローンを取り扱っています。

これら民間ローンは「購入物件の担保価格」と「返済能力」を比べて低い方を基準に融資額が決まるので、公的機関より制限が緩いというメリットがあります。また金利が固定制ではなく変動制です。

変動型は固定型に比べ利率は低く設定されているので、当面の返済額は少なくできるため、年収に応じて同じ年数でローンを組んでも金利が安い分、借入金額は少なくすみます。ただ利率の設定は五年ごとに変動するので、それを考慮に入れて返済計画を立ててください。

しかし結局はどの金融機関をとってみても収入次第で借入額が決まるということです。自分の収入と自己資金がいくらあるかがマイホーム取得に大きくかかわる要素といえるでしょう。

このように、数ある金融機関の中から自分にあった住宅ローンを選び、確実に返済していくことが、理想の住宅購入を実現させるためには最も重要なポイントとなるのです。

夢の実現にはまず返済計画から

住宅購入はそれまでの人生の中で一番大きな買い物といえるでしょう。「自分の城を持つ」という喜びはひとしおでしょうが、長期間にわたって多額な借金を背負うことにもなるのが住宅ローンです。住宅ローンを始める際にはまず「完済できるのだろうか」と考える方も当然おられるでしょう。

ひと昔前までは、収入が増えていくことを前提とした返済計画がほとんどでしたが、社会情勢が大きく変わった昨今では、個人で事業をされている方はもちろん、企業に勤めるサラリーマンでも、いつ倒産やリストラという事態に陥るか分からないというのが現状です。

しかし一度ローンを組んでしまうと、個人の事情を考慮してくれることはないのですから、ここは慎重に検討することが必要です。

かといって不安ばかりでは何も始まりません。いつまでも躊躇していては「自分の城を持つ」という夢は実現しないのです。現在は低金利の時代であり、バブル経済崩壊後は地価も下落し、住宅は当時と比べて随分購入しやすくなっています。いわば「買い時」でもあるのです。

思いきって住宅購入を決定すれば、金融機関や住宅の販売業者もさまざまなアドバイスをしてくれると思われますが、返済するのはあなた自身であることを忘れないことです。人任せにしないで、自分にあった住宅ローンを決定し、きちんとした返済計画を立てましょう。

住宅ローンは、通常のローンより長期にわたる返済期間が可能です。長期のローンを組む場合、契約時に毎月の返済額が自分の予定している金額よりも少ない場合であれば、その差額は貯蓄しておくことをお勧めします。あとにまとまった金額ができた場合、いつでも中途返済ができます。若干の手数料はかかりますが、借入金額の元金が減るので、その後の月々の返済額が少なくなります。

返済期間を長くすると毎月の返済額は少なくなります。しかし長く借りれば、その分だけ金利も払わなければならないので、総返済額に換算すると結局は高いものになってしまうということも忘れないでください。住宅の価格は最低でも一千万円単位なので、ここで数百万円も多く返済することにもなるのです。

住宅ローンの返済方法は全額を月々の支払いとする方法と、月々の支払いに加え、年二回のボーナスを併用する方法とがあります。ただし、ボーナス併用の場合は一〇〇万円単位となり、借入総額の半分以下の範囲内となります。年間の返済額は同じですが、月々の支払額を極力おさえたい方はこちらの方法があります。

またボーナス併用の返済にも二通りあり、ローン期間を同じにして月々の支払い金額を少なくする方法と、月々の支払いを同じにしてローン期間を短くする方法のどちらかを選べます。

住宅ローンは個人の返済能力に合わせて限度額が決められ、この範囲内であれば融資してくれますが、できれば限度額ギリギリまで借りない方がいいと思われます。決められた限度額というのは本人にとっても限度ということですから、生活費に対する毎月の返済額のウエイトが大きくなってしまうということなのです。

それでは生活に余裕がなくなり、せっかく自分の城を手に入れたという喜びよりも、借金返済のための苦痛の方が大きくなりかねません。また、いつ何が起こるかも分からないということも考慮に入れておいてください。

「自分の城」という夢を実現させるためには、住宅ローンは資金面では欠かせない味方です。きちんとした返済計画を立てることが住宅ローンに失敗しない一番の方法であり、住宅購入の重要な要素になるのです。

これで安心？　金融機関の考え方

住宅ローンにはさまざまな機関がありますが、一番堅いのは政府系の住宅金融公庫で借りるのが一番安心だと考えられています。その第一の理由は固定金利であるということです。しかし、最近では銀行その他の金融機関も住宅ローンに力を入れているところが増えており、公的ローンと民間ローンの金利差は縮まっています。融資を受ける側にとっては、金利差がなくなれば規制の緩い民間ローンの方が借入しやすいのです。

しかし、ここで民間の金融機関の融資額や金利に対する不透明な考え方を感じます。銀行が融資する先はさまざまですが、企業への融資は、昨今の経済事情を考えると倒産などによる返済の延滞や、不可能な状態になる場合があるので融資したお金が返ってこないことがあります。

しかし住宅ローンにかんしては自分の住まいのことなので、融資を受ける側は積極的に支払おうという意志を持っている方が多く、延滞の心配がないので銀行にとっては確実な儲けが見込めるわけです。

さらに銀行側からすれば、その融資額に対する金利に加えて電気料金や、水道料金といった公共料金が入るので資金運用ができるのです。融資額の金利に加えて公共料金の金利計算も見込めるのです。

また銀行で住宅ローンを組むとすれば保証会社が付きます。銀行に対して、この保証会社が融資を受ける人の保証人となるのです。この場合の保証額は銀行の融資額の年数によって異なりますが、三五年返済の場合二％になります。保証会社が銀行の子会社であればこれですむのですが、これが全く別の法人であるノンバンクなどの保証会社を通した場合、保証料は最高で七～八％にあがります。その上、その会社が商品としている癌保険や障害保険などにも加入を勧められます。

例えば三〇〇〇万円借りるとすれば、銀行の保証会社であれば保証額は六〇万円になります。これがノンバンクになると二四〇万円の保証料が必要とされます。さらにその他の商品に加入すれば、ざっと見積もっても四五〇万円くらいの額になるわけです。

これら保証会社は直接融資をしていたのですが、昨今の経済事情により、融資先の返済不能などで自社の資金がなくなり、現在では直接融資が不可能となったのです。これまでは金利や保証料が入ったのですが、これがなくなったので、銀行の保証をすることで先に儲けておくといった姿勢です。

しかし考えてみると、住宅ローンを組むのに生命保険や癌保険などの商品を一般ユーザーに強制的に売り込むのは少しおかしい気がします。特に生命保険などは一般的に銀行の住宅ローンの質権設定として組み込まれています。自分の家を持ちたいという夢を実現するためのものであるはずが、自分の命を引き換えに家を買うということになっているようです。金融機関も商売である以上、儲けることを前提に考えるのは当然です。しかし、この住宅ローンに対する姿勢は今後、何らかの改定が必要となってくるでしょう。

数ある物件情報、でも選択は慎重に

自分の気に入る物件を探すためには、まずたくさんの情報を入手することをお勧めします。近くの不動産会社へ出向くのも一つの方法ですが、予備知識がなければ物件を絞り込むことができず、かえって時間がかかることもあります。物件情報の集め方にはいろいろな方法がありますが、大切なのはできるだけ多くの情報の中から、自分の気に入った物件を探し出すことです。

情報入手の中でも、まず一番手軽なのは新聞のチラシでしょう。新聞チラシには多くの不動産広告があります。特に地域限定の情報が手に入ります。ただし自分の住んでいる地域に範囲が絞られるため、離れた地域で探す場合、チラシだけでは不十分です。チラシには必ず有効期限が記載されています。しかし、校正が仕上がってから印刷、配付までに約一週間かかり、この間にも当然営業活動が行なわれているので、問い合わせた時には売れてしまっているという物件も多々あります。

その他、住宅情報誌では広範囲の情報が手に入るので、複数の地域の相場を比較する上では参考になるでしょう。物件の種類も新築マンション、一戸建て、中古住宅、土地など、あらゆる物件の情報が掲載されています。ただ、雑誌はチラシよりもさらに時間的ロスがあるため、この間も不動産会社は営業のアプローチをかけており、掲載された情報物件が発売されるまでに売れてしまうということが考えられます。

このように数ある情報の中から気に入った物件を探し、その物件を扱っている不動産会社に問い合わせるという過程をふむことが通常のパターンです。しかしここでも不動産会社は一社に限定しない方がいいと思われます。同じ物件でも会社によって条件が異なる場合もよくあります。

最近では、インターネットのホームページで物件情報を提供する不動産会社も増えているので、それも参考にするといいでしょう。数社の情報を比較することで客観的な判断をすることです。

これらはあくまでも広告であるため、物件のメリットは記載されても、デメリットとなる内容は記載されていないということを知っておいてください。不動産業界では広告を出す時のルールを自主的に定めていますが、中にはそのルールを無視し、誇張した広告を出しているることもありますので、情報が正確かどうか気を付けてください。これら広告は実際に現地へ赴き、自分の目で確かめるための参考資料ということです。

一般ユーザーが広告を見る時に、まず一番気になるのはその物件の価格帯といえるでしょう。ここで注意しなければいけないのは、その価格が建物に対しての価格か、土地に対しての価格かということです。物件概要には土地と建物の平米（㎡）数が記載されているのですが、間取り図面の大きさと異なる場合があります。

これはいわゆる不動産屋のやり方であり、大きく見せるためにわざとそういうふうにつくってあることもありますので、錯覚しないように注意してください。価格は物件概要の欄に正しい数字が書いてありますので、必ずそちらで確認してください。

同様に土地にも誤解しやすい広告があります。土地の場合、数戸を同時に記載する場合が多いのですが、その平米数はそれぞれ違います。にもかかわらずその中で一番大きな土地に一番小さな土地の価格が表示されていることが多いのです。

もちろんこれはチラシで一般ユーザーを引き付けるための常套手段であり、問い合わせた段階できちんと説明されますが、このくい違いでもめるケースも多いので、チラシは慎重に見てください。

数ある情報を取捨選択したあと、気に入った物件を扱っている不動産会社に問い合わせます。そこで目当ての物件が残っていて、それが自分の思う条件に合えばいうことはないのですが、そんなケースはまず少ないでしょう。

ここで不動産会社の善し悪しが大きくかかわってきますが、信頼できると思った不動産会社であれば、一つの物件がだめでも、その不動産会社に別の物件を紹介してもらったり、もっといい条件の物件が出た時に連絡してもらったりということをくり返しながら、自分の希望する物件にめぐり合うことも可能です。

チラシの落し穴を見逃さないで

次に取引形態に気をつけてください。取り引きする不動産会社が、購入する物件の売主なのか仲介なのか、直接販売か代理販売かによって手数料が違ってきます。

また中古住宅を壊してユーザーの自由設計で建物を建て、まとめて販売するセットプランという方法がありますが、このセットプランには土地の購入とは別途に建物の解体費用がかかります。この解体費用が業者負担になるのか、お客さまがまず土地を購入し、建築費用とセットで負担するのかによって価格が大幅に変わります。セットプランの建物自体がその不動産会社の自社物件なのか、一般の顧客が所有している敷地にプランしたものかによって住宅ローンの組み方も変わってきます。

建売住宅の場合はお客さまに土地を先に購入していただくということはなく、あくまでも建物が完成した段階で購入していただくということになります。

しかし、個人所有の土地を先に購入した場合、土地を買った時点で住宅ローンを実行することになります。まだ住んでもいない家であるにもかかわらず、住宅ローンが始まるというわけです。土地を購入後、解体から設計、施工までには数カ月の期間が必要です。その間元金、金利を支払わなければならないというケースもあります。ここでもチラシの落し穴に注意してください。

不動産会社を回るうちに同じ物件を紹介されることがよくあります。それは、不動産業界は物件の取引形態によっては不動産流通機構（通称レインズ）に登録する義務があり、そこに登録されている物件から検索するためです。基本的にこれを情報源としているので、ユーザーの希望に応じて検索すると、おのずと同じような物件になることがあるのです。

しかし不動産会社側からすれば即完売できて、面白味のある物件であれば、他業者に儲けさせるよりは自分の会社の営業利益にしたいと思うものです。レインズに登録して他社に売られるよりは自社で売りたいと思うのです。他社に依託するのは売れそうにない物件ということになります。

これは購入するユーザー側にもいえることで、自分がいいと思う物件は他人もいいと思うということです。価格の問題ではなく、目を引く物件というのは皆の目をも引くということです。

不動産会社にしてみれば、人気のない物件は相場より価格をさげる場合もありますし、反対に人気のある物件の場合、強気で価格を釣りあげる場合もあります。建売住宅の場合、間取りのほとんどが同じでも、購入する時期によって不動産会社の考え方次第で価格が変わる場合もあります。

その時期によって相場が違い、トラブルが起こりやすい場合があります。これは数年前から銀行のシステムが変わり、ミニ開発の場合、土地の購入時から一年を超えると不良債権という判断をし始めるので、売主も損を承知で販売しなければならないという状況になってしまうのです。

業者によって、またその物件の仕入価格にもよります。そういう縁が重なればいい物件を安く購入することもできます。しかし、ユーザーとしては少しでも安く購入したいと思い、時期がくるまで待っていても、そういう場合は売れ残りしかないので結局損をする場合もあります。集合住宅などは南側の一等地を買いたいと思う人はたくさんいるわけで、いい物件は他よりも高額でも早いうちに売れてしまいます。

夢のマイホーム購入を実現させるためにはまず、できるだけの情報を集め、その中から一番いいと思われる物件を見極めることが大切です。

レインズ（不動産流通機構）

建設省のすすめる、情報の標準化を通じて流通業界の振興をはかることを目的とした不動産情報流通システムです。不動産物件の情報をオンラインネットワークにより、情報交換を迅速に行ない、不動産取引をスムーズにさせます。日本各地の不動産情報をパソコン通信により即座に知ることができます。

チラシの掲載項目を要チェック

価格——広告に掲載されている価格は、土地と建物それぞれの価格と建物にかかる消費税込みの価格です（土地分には消費税はかかりません）。一度に販売される戸数が多い場合には、通常最低価格と最高価格のみ表示されます。中には最低価格だけ掲載されている場合があります。

間取り（ＬＤＫ）——部屋数、リビング、ダイニング、キッチンの形態を表します。「二ＤＫ」とあれば、部屋二つとダイニングキッチン、「四ＬＤＫ」なら部屋四つとリビング、ダイニング、キッチンという意味です。

公庫融資の表示——「公庫融資つき」と書かれていればいつでも申込可能です。「公庫利用可」の場合には年四回の申込受付期間に申し込めば利用できます。

取引形態——不動産会社との取引形態が「売主」になっていれば、その不動産会社から直接購入することになります。「仲介」となっていれば不動産会社が売主と買主の間を仲介することによって契約を結ぶということです。この場合には仲介手数料がかかります。

権利形態――購入する住宅に対してどのような権利を持つかということで、土地、建物との「所有権」であれば完全に自分のものになります。建物には「所有権」はあるけれど、土地を借りる「借地権」というケースもあります。「借地権」には期限後、希望すれば更新できる「旧借地権」と一定期間（約五〇年）後に返還しなければならない「定期借地権」があります。

土地面積・建物面積――土地面積は私道を除く敷地面積で、実測面積と登記簿面積の二種類があります。私道を含む場合は私道面積も明記されています。建物面積は延べ床面積のことで、通常ベランダやポーチ、屋根裏収納庫などは含まれていません。

道路付け――その土地が何メートルの道路にどの方角で接しているのかを示しています。建築基準法では「幅四メートル以上の道路に二メートル以上接している土地」でないと家が建てられないという原則があります。

私道――道路に面していない土地には家は建てられません。公道から奥まった場所では敷地の一部を道路として指定してもらわなければなりません。これを私道といい、敷地の一部となるのですが、家を建てる時の土地面積には含みません。

用途地域――都市計画のために市街地においては土地の利用計画・規制がなされています。「低層の住宅を中心とした住宅街」、「工場や倉庫向けの地域」など、街づくりのために用途地域が定められています。実際には同じ用途地域でも街並が違うこともあるので一概にはいえませんが、周辺環境の目安にはなるでしょう。

免許番号――宅地建物取引業免許がなければ営業はできません。ここに「建設大臣免許」とあれば営業拠点が二つ以上の都道府県にあることを示し、「〇〇県知事」とあればその都道府県内だけで営業しているということです。免許番号の「　」内に記載されている数字は免許の更新ごとに増えるので、この数字が多ければ営業年数が長いということです。

第二章
住宅の正しい選び方

新築より危険負担の大きい中古物件

自分の住む家を購入するにあたっては、当然自分の目で見て厳しいチェックをされると思いますが、特に中古住宅になれば、なおさら厳しいチェックが必要となります。チェックポイントとして重要な箇所はまず建物の土台にあります。土台の傷みや歪みなどをチェックしてください。また床、柱、梁が歪んだり曲がったりしていないか、ドアや窓などの建て具類の軋みの状態などは、一般の人でも判断できる材料となります。特に中古物件で一番多いのは雨漏りですので、めぼしい物件は雨の日、天候の悪い日を選んで見学にいくことです。

一般ユーザーの方にも簡単にできるチェック方法は「完成済みの建売住宅」の欄で詳しく述べていますのでご参照ください。小さなことでも住んでみると不自由を感じることもあるので、事前に十分に検討しておいてください。

中古住宅の場合は仲介業者が取り扱うことが大半です。売主も買主も一般ユーザーであることが多いため、仲介業者が専門家として中に入って売買を成立させるのです。

まず、住宅を売りたいという売主の物件を仲介業者（主に不動産会社）が査定します。そして査定価格の折り合いがつけばそこで媒介契約が結ばれ、売主がその住宅の売却を仲介業者に依頼したということになります。

中古物件の場合は瑕疵《かし》担保責任があり、売主が業者の場合には一般ユーザーよりもクレームの出ることが多いのです。

逆に売主が一般ユーザーの場合にも当然瑕疵担保責任はありますが、取引の際に、「この物件に対する瑕疵担保責任は一切ありません」とあらかじめ契約書に記載できるのでクレームは受け付けてもらえないことがあります。中古住宅の場合、購入する側は売主の責任範囲を見極めることも大切です。

中古住宅の場合、築年数の比較的浅い物件で現状のままで住めるのであれば問題はないのですが、どこが傷んでいるかということは築年数によっても大きく差があるので、実際住むようになるまでの価格が正確には分からないというのが事実です。

傷みのひどい物件になると、リニューアルして住むのか、潰して新築しようと思うのかによって費用は随分違ってきます。物件が気に入っても契約をする前に工務店にリニューアルの見積もりを出してもらい、検討してください。中古物件の場合には、築年数により床を剥がしてみなければ、その傷みが分かりにくいということもあり、その傷み具合によってリニューアルにかかる費用が随分変わってきます。

そのため工務店側も契約金額内で納めなければならないというのが義務なので、リニューアルの費用としては高いと思われることもありますが、工事の質、量に関係なく、契約の際には、ある程度保全のための見積もりを提出します。しかしこれはある程度危険負担を見越した上での金額なので、工事の内容によって余った分は返済してもらえます。

しかし業者によっては契約を取りたいために、あらかじめこの危険負担を取らないケースもあります。例えば工事中にまず火事などは起こさないと高《たか》をくくり、工事保険に入らない分他社より安い見積もりを提出し、落札しようという考え方です。万が一火災が起こった場合には業者は責任をとってくれず、大きな負担を背負わされるということにもなりかねません。

このように業者を選ぶ時には、あながち価格だけで決めてはいけません。もちろん数社での相見積もりをとり、内容を把握した上で納得できる価格、要するに適正価格のところに依頼するべきです。

中古住宅の中には破格のものもありますが、同じ大きさでも築年数や道路状況、家の向きや土地の形状によって価格が違ってきます。特に現在の建築基準法では大阪市内については違法建築となる物件が多いので、購入時に住宅ローンが組めないという場合があります。この問題にかんしては数年後には是正されると思われますが、中古物件には違法建築の建物が多いので、資産として考えておられる方はよく考えてみることです。

このように中古物件の場合には新築よりも危険負担が大きく、現状のままで住むのか、リフォームするのか、また新築するのかを見極めた上で判断してください。この判断を怠ると価格が大幅にあがり、結局は新築を購入した方が安くつくということにもなりかねません。

専門業者に任せて安心の競売物件

その他中古物件の購入には、競売物件を落札するという方法があります。競売の情報は裁判所で気軽に閲覧できますし、競売専門の雑誌が出版されています。誰にでも購入できますが、競売物件では、ことに占有者がいる場合にはトラブルが起きやすいので注意してください。できるだけ専門の業者に任せる方が安心です。

例えば競売で落札した物件がガレージや土地、更地の場合には問題はないのですが、住宅の場合、占有者がいるとすみやかに立ち退いてくれないことがあります。それどころか立ち退き料を請求されるということもあります。もちろん相手にその権利はなく落札者に支払う義務はないのですが、法のもとに立ち退きを強制執行され、いざ立ち退きという時に、家を傷つけていくというような嫌がらせをされることも少なからずあるのです。

もちろん占有者の有無は競売の資料に記載されていますので、占有者がいる場合には専門家に相談することです。通常の仲介手数料は平均して物件価格の三〜六%です。この金額の幅は売主と買主の双方と契約する場合に、どちらからも三%の手数料を受け取るということですが、競売の場合は落札者の代理として契約、その他諸々の手続きを請け負うので落札価格の六%を請求する会社が多いと思われます。

仲介手数料が少し高いと思われるかもしれませんが、一般ユーザーの方が個人では処理しきれない問題も多く含みますので、あとあとトラブルを起こさないためにも専門家に任せる方が無難です。

また勘違いしやすいのが物件の価格です。例えば競売物件の「最低価格が五〇〇〇万円」というふうに記載されていたとすれば、物件の価格が五〇〇〇万円ということではなく、五〇〇〇万円から入札が始まるということなのです。この物件を購入したいと思う人が複数になると競争入札となるので、落札価格はほとんどがこれよりあがります。

さらにこの競売システムは入札の約一週間後、管轄の裁判所に最低価格の二〇%を一時入金しなければなりません。それは二〜三週間後に返金されるのですが、この間にそれだけの金額を用意しなければいけないのです。

競売物件の中には、掘り出し物と思える物件も多くあるのですが、この資金の問題や占有者による問題が発生しやすいので、契約時には自分でも詳しく調べるべきですが、やはり専門業者に相談した方がいいでしょう。

仲介（媒介）

実際に物を売買するわけではなく、売買をする売主と買主の間に入って話をまとめることです。これについては成功報酬として仲介手数料が発生します。

気軽に住める賃貸か？　資産となる不動産購入か？

家を購入する動機の一つとして「自分の資産にもならないのに家賃を払い続けるのはもったいない」という人も多いと思われます。確かに賃貸物件の場合は毎月の家賃は支払うけれども、何年払い続けても自分の資産にはなりません。

逆に購入して自分の持ち家となれば、大半の方が住宅ローンを返済することになるので、毎月決まった額を支払うということは同じでもローン返済には期限があり、これが終了すれば家は自分の資産として残ります。

「住む」という行為に対しては、どちらもそれぞれにお金がかかるのですが、いくら家賃を払い続けても自分の資産にならない賃貸物件に対して、購入して自分の資産として残る方がどう考えても得だと思いがちですが、これは一概にはいえません。

いずれを選ぶにしても人にとって「住む」という行為は一生続くものですから、損得だけで測れるものではないのです。賃貸か購入かで人生が違ってくるとはいわないまでも、何らかの要素として必ずかかわってくるものです。そのためにも判断する際にはそれぞれのメリット、デメリットを理解しておく必要があります。

まず賃貸物件についての最大のメリットは気軽に移り住むことができるということです。また、入居時には保証金など若干の初期費用はかかりますが、購入物件の比ではなく、手続きも簡単であるということです。メンテナンスにかんしてもあまり気を使う必要がありません。

しかし、家賃を払い続けても自分のものにはなりませんから、家賃は一生払い続けなければなりません。また内装など勝手に変えることもできず、壁にクギ一本打つのにも気を使わなければなりません。それから公団、公営住宅以外では、家族向きの物件が少ないということがあります。

これに対して購入することのメリットは自分の資産として残ることです。住宅ローンの返済が終了すれば資金の負担が軽くなります。自分のものですからリフォームなど自由にできるのです。もちろん家族構成によって間取りも自由に考えられます。

しかし、購入となればローンの頭金など初期費用が必要であり、初期の計画を途中で変更できません。その上、気に入らないからといって簡単に買い替えることはできません。故障があれば自分でメンテナンスをしなければならないということもあります。また資産価値が下がる可能性があり、自分のものであるためリスクを背負うことになるのです。

賃貸か、購入かを決める際に大きく影響するのは金利の動向といえるでしょう。昨今のように低金利時代では、住宅ローンの負担も軽く、持ち家も夢ではありません。反対に金利があがればローンの返済も増え、賃貸で十分だと考える人も多くなることでしょう。

気軽に住める賃貸物件と、資産となる購入物件。どちらを選ぶのかは人それぞれの人生観や、ライフスタイルに応じて違ってくるでしょう。

ライフスタイルで選ぶ購入物件

住宅購入を決定すれば、そこで迷うのはマンションにするか、一戸建てにするかということでしょう。ここでも家族構成やライフスタイルによって判断することとなりますが、メリット、デメリットを認識しておくことです。

まず、マンションは交通の便のよいところに建つ物件が多くあります。敷地の広さが同じでも、一戸建てより戸数が確保できるので、駅に近く地価の高い場所でも一戸建てに比べれば比較的安い値段で購入できます。

マンションには階段がないところが多く、一戸建てに比べてスペースが有効に使えます。同じ床面積なら、一戸建てよりも有効面積が広くなり、間取りなども効率的にとれます。また戸締まりが簡単で、オートロックシステムのあるマンションならカギ一つ閉めるだけで安心できます。

さらにメンテナンスが簡単で、外壁や廊下、エレベーターなどは自分でメンテナンスする必要がありません。しかし、一戸建てよりは安いと思われますが、管理費は年々増えていくのでかなりの金額を支払っていくことになります。メンテナンスの決定権は管理組合にあるので個人に決定権がなく、納得のいかないこともあります。

マンションは上下左右のいずれかが他と接しているため、生活音にまつわるトラブルが起こりやすいということがあります。一つの建物の中に他人と暮らすわけですから、専有部分は別として、廊下、階段、エレベーターといった共有部分ではルールを守らなければいけないのは当然ですが、ここでトラブルが発生しやすいのも事実です。

阪神淡路大震災以降、新築分譲マンションの価格は下がっており、これまで思案していた人たちが思いきって分譲マンションを購入することも考えられるようになってきました。マンションは基本的には値くずれがしにくいのですが、一つの情報で相場が簡単に崩れるということがあります。

例えば、通常マンションには一〇〇戸や二〇〇戸という戸数が一つのマンション内で暮らしていますが、この内の一戸が極端に安い価格で売却してしまうと、同じマンションのすべての相場がその値段になってしまうのです。角部屋や上層階という購入時から価格の高いところは若干違いますが大差はありません。一つが下がるとすべてが下がるということになるのです。

もちろん、持ち主にとって資産となる物件ですから、誰もが相場を崩すほど安い価格で売却しようとは思いません。しかし、急にまとまった資金が必要になり、安くても一刻も早く現金が欲しい場合には売却を望む人もいます。それがチラシなどに出てしまうと、ユーザーにとってはそれが、そのマンションの相場であると思い込むので、他は元の相場では売れないのです。

購入時には大半の人が住宅金融公庫でのローンを組みますが、新築分譲の場合は三五年、築年数が一〇年未満であれば二五年返済のローンが組めますが、一〇年以上のマンションは最高でも二〇年の返済期間となります。

一般的にマンションを購入するのは新婚の方か、お年寄りが多いと思われます。新婚の方の場合には数年後に子どもができるまでの間、マンションでのシンプルライフを楽しまれるようです。またRCコンクリートづくりなので暖かく、子育ての終わったお年寄りが老後を暮らすのには最適なようです。

「住まい」をマンションにするか一戸建てにするか、ここでもまた迷うところですが、やはりそれぞれのライフスタイルに応じて決定することです。購入してしまえば簡単に買い替えることはできないのですから、現状だけではなく、将来のことを考えた上で決められることをお勧めします。

要チェック、基礎段階での手抜き工事

完成済みの建売住宅を購入する方は、一般的に仕上がった状態を見ることになるので、建築過程を確認することができません。ということは建築過程で、どのような工事が行なわれているのか分からないということです。

通常、施主や設計会社の管理がないため、極端にいえば工務店サイドで好きなように建てられるのです。できあがってしまうと、特に基礎工事や軀体工事などは図面通りに行なわれているかどうかは、建物をバラさないかぎりまず分からないのです。

もちろん建物が建っているわけですから、最低限の工程はふんでいるでしょう。しかし、見えない部分については分からないものですから、いわゆるＪＩＳ規格外の製品を使っているケースも多々あります。

柱一つとってみても、しなければならない防腐処理が行なわれなかったり、「剝離」といってすぐに割れたり、耐久性に欠ける製品を使っているケースもあります。材料の品質を下げること、本数や個数を減らすことによってコストも安くなり、また手間も省けるのでこういった手抜き工事はよく行なわれます。ユーザーが見ていないために、大工さんにとっては

手を抜いた工事をしようと思えばいくらでもできるのです。

私の会社では営業マンも含めた専門チームが、建築にかんする徹底した基礎教育を受けていますので、現場での施工業者の方々とのコミュニケーションもよく、建築過程での細部のチェックをしておりますので、お客さまには安心していただけます。しかし完成してしまった建物の基礎工事にかんしては、プロの目から見てもチェックするのは難しいのですから、一般ユーザーにとっては全くといっていいほど分らないのです。

このように完成済みの住宅は善し悪しの見分けが難しいので、一般ユーザーの皆さんにとって一番いい方法は完成前に見ておくことです。

まず家を購入したいと思う方は、不動産屋の分譲住宅のチラシをよくチェックしておくことです。不動産屋は、土地を購入して建築に入った時点から分譲のチラシを出しますので、気に入った物件があれば少しでも早く見にいくことです。

いい物件には競争相手も多く、すぐに売れてしまう可能性もありますが、基礎工事と軀体工事の段階から何度か足を運び、自分の目で見て納得した物件を購入するのが一番間違いのない方法です。

ではどのような見方をすればよいかというと、これは残念ながらプロでもなかなか難しい問題でもあり、鉄骨と木造によっても違いますが、地中梁の深さとコンクリートの固さの基準は工務店に聞けば分かります。一般的な住宅の基礎工事の場合、使われているコンクリートや鉄筋の数によっても家の強度が違うのです。これはもし知り合いに大工さんや建築屋さんなどがいれば、その方に聞けばすぐに分かります。

そして完成する寸前にクロス職人に聞いてみれば大工さんの仕事が全部分かります。大工さんの仕事の善し悪しが顕著にあらわれるのがクロスということです。大工さんがいいかげんな仕事をすれば当然クロスは張りにくく、その尻拭いはクロス職人が行なうので大変な作業になるのです。きちんとした仕事をしていると張りやすく、修正の手間が省けるのです。クロスが張りやすいということは仕事が丁寧であり、その大工さんはきちんと仕事をしていると思って間違いないでしょう。

建築の土台である基礎工事に手抜きがあると、購入時に気が付かなくても、長年暮らすうちにどうしても家に歪みが出てきます。クロス職人がダメだという大工仕事をしている家は、いくら周りの環境や外観が気に入ってもあきらめることです。

踏む、叩く、ぶら下がるで安心購入

完成してしまった建売住宅を購入するのであれば、できるだけ天候の悪い日を選んで見学にいくことをお勧めします。いいかげんにつくられた家は、大雨や台風時には雨漏りや横揺れの危険性が大いにあるのです。

仕上がったもので一番判断しやすいのが、棚や建具などの取付強度や精度です。押入れの棚などは乗る、ぶら下がる、手すりは引っ張るという行為をくり返し行なってみることです。また建具の見方として、開け閉めがスムーズに行なうことができるかどうか、さらに建具枠と建具の隙間が均等であるかどうかをよく注意してください。これが不均等であれば柱、または壁が「垂直に立っていない」、「床が水平でない」、「建具枠と取り付ける大工さんの腕が未熟である」ということが考えられます。

建具の中でも難しいのが引き戸関係です。引き戸の開け閉めの際に、タテ枠と建具が隙間なくぴったりとついていれば、全体的にいい仕事がなされているでしょう。最後に脚立が用意できれば天井を押し上げてみてください。天井は手抜きのしやすいところですので、触ってみて動くようであれば問題ありだといえます。

また足で踏むところというのは意外と手抜きが行なわれている場合があります。足下の作業というのは、常にかがんだ状態で行なわれますから足腰に負担がかかり体力もいるので、大工さんにとっては面倒でできるだけ簡単にすませたいものです。ここがきちんとした仕事がなされていると、平均してきちんとした仕事がされていると思っていいでしょう。

特に敷き居を踏んでみることです。家中の敷き居という敷き居を踏んでみてください。昔から敷き居を踏んではいけないといわれているくらい、敷き居というのは大切なものであり、大工さんが一番気を使うのが敷き居下の仕事なのです。敷き居下がぐらついていると、家全体がぐらつくような仕事の仕方をしていると思って間違いないでしょう。反対にここが丁寧で美しく仕上がっていれば、すべての仕事が丁寧に仕上がっていると思ってよいでしょう。

住宅会社が材料込みで発注している場合は、知らないうちに私たちがいうところの『大一』さんや『大二』さんは材料を減らし、時間を短縮することによって、工賃をとるというようないいかげんな仕事になるわけです。また材料別の発注の場合は工務店が材料を減らすということも残念ながら行なわれているようです。

住宅というものは生活の場ですから、いくらきちんと建てられた家でも住んでいるうちにはどうしても傷んでくるものです。しかし、その傷みも長年住んでいるうちに愛着を感じ、思い出にもなるのです。購入時からきちんとつくられていない家はその傷みも早く、安心した暮らしができません。

家を買うのを失敗したからといって簡単に買い替えるものではないのですから、失敗を未然に防ぐためにも、購入の際にはできるかぎりのチェックをすることをお勧めします。

設備の不備、即ライフスタイルに支障

生活をする場として、実際に使用する設備の点検をすることは大切です。この部分に手抜きが行なわれると生活に直接支障をきたします。

まず水回りですが、一番分かりやすいのは水を出してみることです。それも一箇所だけではなくキッチンの流し台、洗面、バス、シャワーとすべてを一気に出してみてください。その時にきちんとまともな水圧があるかどうか、また熱湯が出るかどうかを確かめます。

大阪市内では、昔は直径十三ミリの水道管を使っていたのですが、現在の住宅事情ではその太さでは十分な水圧が確保できず、直径二五ミリのものを使用しなければなりません。しかし当然太くなればコストがあがるわけですから、昔のままのものが使われている場合があるのです。

これではすべての水圧の確保ができず、特に水回りが二階にある場合は、それが顕著にあらわれます。また排水については細部までは分からないにしても、水をしばらく流しっぱなしにしておくと、水もれの発見や耳ざわりな排水音が確認できることがあります。

電気関係については生活をしてみないと分からない部分もありますが、一般の建売住宅では、ブレーカーの容量は最低十二回路です。しかし、これはあくまで家庭生活における最低限の確保であり、今後の社会生活においてコンピューターなどのOA機器が生活の一部となり、欠かすことのできない道具となると、当然従来の電気容量では足りなくなってくるでしょう。

ブレーカーの回路数をとってみても、生活にともなった数が計算されているかどうかも問題になってきます。これが少なすぎると電気の容量不足でブレーカーが落ちます。

またエアコンにかんしては、別途取り付けになりますが、室外機の位置をあらかじめ計算されているところがあります。それを確認しておかなければ予定外のところに無理に設置しなければならず、計算外の出費にもなります。

このように、設備については注文建築であればある程度の予防はできますが、建売住宅の場合そこまで考えられていないことも多く、最低限の確保はしていますが、現在の生活に合わせて改善されていないのが現状です。

建売住宅の場合、完成された住宅を購入するわけですから一〇〇%自分の思い通りの家を望むことは不可能に近いことです。しかし、生活の場として、また自分のライフスタイルを考えると、設備の点検をしておくことは大切なことであり、快適な暮らしをつくる大切な要素となるのです。

徹底した打ち合わせが家づくりを決める

一般的に注文住宅の建設はモデルハウスの展示場へ出向き、気に入ったハウスメーカーに頼むか、不動産会社を通じて工務店に頼む人が多いと思われます。この場合、比較的コストは安くなりますが、つくり手側の都合を優先し、企画にあてはまった大量生産をするところがあり、画一的な家も多いのが現実です。

個性的な家を求める人は、直接建築士に依頼される方もおられると思われます。この場合コストは割高になりますが、設計士に依頼すれば施工管理まで引き受けてくれるので、建築段階を専門的な目でチェックしてくれるというメリットがあります。

しかしここで注意したいのは、設計士は高所得者のことしか考えない人も多いということです。自分の思う理想の家に近づけんがために予算を大幅に超えてしまい、気がつけば膨大な額になっているということも少なからずあるのです。

設計士自身のこだわりや思い込みだけで家をつくってしまい、インテリア重視で、間取りや住み心地というお客さまにとっては一番大切な部分をおろそかにしている設計をされることがあります。

そんなことを避けるためにも、いい家をつくるにはまず設計士や工務店と、お客さまとの徹底した打ち合わせが必要です。お客さまにとって住宅を購入する際の基本は物件や資金面、構造や周りの環境などたくさんの要素があるでしょうが、一番重要な価値は「住み心地」にあるはずです。

しかし、この「住み心地」というものは主観的なもので数値や基準に当てはめられるものではなく、お客さまそれぞれの趣味や好みによって違います。

好みというものは十人十色ですので、つくり手側がいかにノウハウを持ち、お客さまに満足していただくために努力したとしても、お客さまからすれば満足していただけないこともあるのです。つくる側にとってのいい家と、お客さまにとってのいい家にはどうしてもズレが生じる場合があります。そこでお客さまは自分にとっての住み心地のいい家というものをできるだけ詳しく相手に伝え、つくり手側はプロとしての適切なアドバイスをするというコミュニケーションが必要となります。

私の会社では設計図面ができあがった段階で、コンピューターグラフィックに落し込み、完成予定図を具体的にお客さまの目で見ていただきます。お客さまと若干のズレがあったとしても、この時点で修正できますので、よりお客さまの理想とされる家づくりができると自負しております。完成した家に住むのはお客さま自身なのですから、トラブルを避けるためにも事前に徹底した打ち合わせをすることが大切です。

もちろん予算があることですから、その範囲内にかぎられますが、自分の住みたい家をつくるためには、まず自分の望みをすべて伝えることです。見積書はあくまでも資金計画の一要素であり、それが予算内におさまっていたとしても住み心地とは別の問題です。

その中で妥協できるところと、妥協したくないところを調整しながら理想の家に近づけていきます。この段階で専門的なことでも分からないことは、細部まで徹底的に聞いておくことです。

着工にいたるまでには、つくり手側とお客さま側の信頼関係が大事な要素となります。着工前に細部に及んだ打ち合わせをし、双方が納得の上で決定してください。そして着工に入ってしまえば、あとはつくり手側にすべてを任せることです。建築途中での変更は工期にも、費用にも大幅なダメージを与えかねません。自分の家ですから現場を見れば最初にいくら決めたといっても、一部を見て「やっぱりこうすればよかった」と思うこともあるかもしれません。

しかし家の構造というのは複雑で、一箇所が気に入らないといっても、そこだけを簡単に変更できるというものではありません。そのつど変更していると工事が途中でストップしたり、手直しすることによって全体のバランスが崩れることにもなりかねません。もちろんコストもかかります。

最初に自分の意向を伝え、プロの意見を聞き入れて納得できたのであれば、あとは安心して工務店にお任せすることが、いい家をつくるためには一番確かな方法です。

仕様書は「何がどこまで含まれるか」が大事

まず工法とは基本的な家の組み立てであり、骨組みになるわけです。インテリアや設備といったもののように、あとで買い替えられるものではないので、自分に合った工法であるかどうか、また購入時だけではなく将来のライフプランを考慮した上で決定することが重要です。勧められた工法が気に入らなければ、納得できるプランにたどりつくまでやり直すことです。

次に仕様書ですが、複雑な設計を要する注文品の内容や図を書き記した書類ですから、細部まできちんと確認してください。契約時には備品のサイズやメーカー、コンセントの数に至るまで確認しておくことです。「どこのメーカーで」、「どのサイズのものが」、「何個使われているのか」ということが大切なポイントです。この記載が曖昧であると、自分の思うものと違ったものが使われている場合がありますので、のちに追加工事をしなければならないこともあるのです。

業者によっては、契約時にはあえて明記をさけ、安い値段で仕様書をつくり、ユーザーに納得させておいて、あとの追加工事を見込んでいる場合もあります。当然追加分にかんしては別途料金になり、気づいた時に文句をいっても、すでに契約書を取り交わしているわけですから「あとのまつり」ということになりかねません。

特にバス、キッチン、洗面台などについては寸法だけを表記し、メーカーも品番も書いていないことも稀にあります。それはお客さまの思うイメージとあまりにもかけ離れているものであり、交換してもらおうとすると、これもまた別途請求ということになる場合もあるのです。

また通常キッチンの上の棚はセットになっているものですが、棚がまったくなかったケースもあるのです。「何がどこまで含まれているのか」ということに気を付けておかなければ、少しくらいと思って追加工事をしていくと、気が付けば当初の予定資金をはるかに超えた金額になっていることもあるのです。

このようなことにならないためにも、契約時にはきちんとすべてを確認しておくことが重要です。家を購入するのは安い買い物ではないのです。あまりにも膨大な資料にうんざりし、関心のある部分だけ注意して確認し、あとは業者に任せるということではお互いのためになりません。価格だけに目を通し、予算内であればよいと思って契約すると、あとで思ったものと違っても文句はいえないのです。

契約を取り交わすということは双方に責任があるのです。業者はもちろん契約内容を明記する義務がありますが、お客さま側もきちんと契約内容を確認する責任があります。契約時には仕様書の細部まで目を通し、分からないところは納得できるまで質問してください。「安い買い物」と「安物」とは違うのです。いい家をつくるためには自分の目で確かめ、よりよいものを納得できる価格で購入するためにも、お互いの了承のもとで契約することをお勧めします。

将来のライフプランを考えた工法の選択 Ⅰ

自分の住む家というのは好みや趣味がありますので、外観やインテリアなどのデザインを重視した選び方をしてしまいがちです。しかし住宅を住まいと考えると「強い家」、「丈夫な家」を選ぶことが一番大切な要素といえます。

そこで「強い家」、「丈夫な家」をつくる基盤となるのが建物を支える構造であり、建物の骨組みのつくり方である工法が最も大切な要素となります。この工法によって、同じ間取りでも価格や仕上げに大きく影響するのです。

現在日本では一般的に「在来工法（木造軸組）」、「2×4（ツーバイフォー）工法」、「プレハブ工法」、「RC工法（鉄筋コンクリート造）」、「鉄骨工法」の五つの工法が使用されています。

このそれぞれの工法のメリット、デメリットを熟考し、自分のライフスタイルや将来のライフプランを考慮した上で決断してください。

「在来工法（木造軸組）」――日本の伝統的な工法で、現在でも最もポピュラーなのがこの工法です。基礎の上に土台を乗せ、その上に柱を立てていくという工法です。まず骨組みをつくり、あとから壁や屋根で家全体を覆っていくわけです。建物自体の重さを柱（縦の軸）と梁（横の軸）で支え、横からの力には筋交い（斜めの軸）によって抵抗するというものです。

これは日本の伝統的な家屋に多く用いられているほど古くから日本人に親しまれ、日本の高温多湿な気候風土に適しているようです。多くの木が使われているため夏は通気性がよく、冬には湿気を通しにくいのです。

しかし逆にいえば軀体自体は遮音性、耐火性に乏しいということにもなることを、考慮に入れておかなければなりません。また間取りの自由度が高く増改築もできます。柱、梁、筋交いをバランスよく配置すれば、地震や強風で加わる横揺れにも強いというメリットがあります。

本来、在来工法では、台風の多い地方などでは飛ばされないように屋根に本瓦を使い、重しがわりにしていたのですが、都心部ではよほどのことがないかぎり台風で家が飛ぶということはないので、屋根を軽くする傾向が高まってきています。

先の阪神淡路大震災の時に、多くの在来工法の住宅が倒壊したのは記憶に新しいと思われます。しかし、倒壊したのは現在の耐震基準が制定される前に建てられたもので、現在の耐震基準ではかなりの耐震性が期待できます。

「2×4（ツーバイフォー）工法」——海外から輸入され、このところ急速に普及しつつあるのが2×4工法です。これは厚さ二インチ、幅四インチの角材を使って組み立てることが名前の由来です。四方の壁と床、天井という六つの面で建物を支えるため、外から加わる圧力も六つに分散され、一箇所に集中することがないので、耐震性には比較的強いというイメージがあります。

ただし、この工法は地震の少ない海外で開発されたため、これまで強度の地震に耐えられるかということが懸念されていたのですが、阪神淡路大震災ではトラブルが少なくすんだようです。

また在来工法に比べて施工が比較的簡単です。施工方法がマニュアル化され、床、壁、天井といったパネルを箱状に組み立てるだけなので、大工さんによる仕上がりの誤差は少ないようです。さらに工期も短く、その分コストダウンもしやすいというメリットがあります。

しかし在来工法が屋根からつくるのに比べて、2×4工法は下から組み立てていき、最後に屋根がつくという工法なので、その間の天候の変化に弱いのです。特に雨が続くと木の変形が激しくなるというのが問題です。また窓の大きさや間取りに制約があり、増改築には不向きであるため、将来的なことを考えた上で発注することをお勧めします。

将来のライフプランを考えた工法の選択 II

「プレハブ工法」――プレハブ工法とはハウスメーカーが開発したもので、住宅の構造部を現場ではなく工場でほとんどの部材を製造し、ある程度組み立てたものを現場で仕上げるという工法です。要するにあらかじめ工場で組み立てられた箱を、現場で積み重ねると家の外回りができあがっているということです。

使用される部材の種類によって「鉄骨系」、「木質系」、「コンクリート系」に区分されますが、いずれも現場での作業は「最後の仕上げ」のようなものなので工期の短さに特徴があり、その分コストが安く仕上がります。

また工場生産がほとんどなので、加工された部材は品質のバラつきが可能なかぎり抑えられます。現場制作ではないので、大工さんによって仕上がりの差があるということが避けられるのもメリットといえるでしょう。

地盤に問題がないかぎり、現場での施工が適切であれば、入居後のトラブルに悩まされることもないようです。ただし、複雑なデザインができないというデメリットがありますので、個性を重視した家をお望みの方には物足りないところもあるようです。

「鉄骨工法」――柱や梁に木を使う在来工法に対して、骨組みに鉄骨を使うのが鉄骨工法です。本来はビルなどの大規模な建物に使われていた工法ですが、現在では住宅としても多く使われています。

この工法は鉄の肉厚によって重量鉄骨造と軽量鉄骨造に分かれます。重量鉄骨造とは工場で溶接した鉄骨を現場に運んで組み立て、ボルトで結合します。これは柱や梁の接合部がしっかりと固定され、ラーメン構造という形をつくります。これに対して軽量鉄骨造は肉の薄い鉄骨を使うので強度が低くなり、変型を避けるため、斜の鉄骨（ブレース）を入れて強度を高めます。

鉄のよさは何といってもその強さにあります。地盤に強い建物を築くことができるので地震にもっとも強い工法だといえるでしょう。地震に対して抵抗をなくすため、わざと揺れるようにつくっているのが特徴です。

重量鉄骨造の場合、建物自体の重量が非常に重くなるので、地盤がしっかりしていなければ沈下する恐れがあるため、一般住宅には軽量鉄骨が向いているといわれますが、私の会社では独自のシステムを開発し、重量鉄骨でありながら、地盤にほとんど負担をかけない工法を使用しますので、住宅には最適な方法だと自負しています。

鉄は熱と錆に弱いので、火災時には強度が失われないように耐火皮膜を、錆に対しては防錆処理をきちんとすることが必要です。

「RC工法」——この工法は、まず鉄筋を組み合わせて骨組みをつくります。その周囲に枠板を組み、中にコンクリートを流し込んで固めるというものです。これは基礎から壁、屋根に至るまですべて一体となるので、強度は他の工法の中で最も強いといえます。さらに耐火性、遮音性も高いというメリットがあります。

また自由な設計ができ、大きな開口部や空間をつくることができます。しかし問題は鉄骨造よりもさらに重い重量、コストの高さ、そしてコンクリートを乾燥させるための時間が必要なので、工期が長くかかります。また気密性が高いというメリットは、逆に最近よく問題になっている結露の心配が生じることがあります。

溶接もジョイントもできないので改築は難しく、設計の段階で将来のプランを十分考慮しておかなければなりません。

阪神淡路大震災時にRC工法でつくられた高層マンションの上の階でコンクリートに亀裂

が入り、潰れたケースがありますが、それは柱部分に問題があり、高層マンションには不向きではありますが、通常の住宅ではまず問題ないでしょう。ある程度の地震には対応できますが、強度の地震にはやはり鉄骨造が一番強いといえるでしょう。

以上が現在の日本における一般的な建築工法です。自分のライフスタイルや、一〇年後、二〇年後までも想定したライフプランを考慮した上で、最も自分たち家族にあった工法を選んでください。

建てた当時は気に入っても将来において「使い勝手が悪い」、「何となく落ち着かない」とストレスを感じることのないよう、悔いのない選択をすることが大切です。

大工さんへの挨拶は気持ち次第

家を建てていく上で、柱、梁などを組み立て、その上に棟木をあげ、施主とその建築にかかわる関係者が、「家が無事に完成しますように」と神を祀って行なう上棟式という儀式があります。

これは日本古来の風習であり、私たちの親の世代くらいまでは家を建てる時には一般的に行なわれていました。しかし最近の若い世代や都会では、よほどこの風習を重んじる方でもないかぎり省略されることが多いと思われます。

上棟式というのは、それまで直接顔を合わせることのなかった大工さんと施主さんの顔合わせの場でもあります。この時に、施主さんは直接大工さんに、ここにたどりつくまでの労をねぎらい、「完成までよろしくお願いします」と伝えるいい機会でもあるのです。

工事中の現場にはいろんな人が出入りします。関係者以外の一般の方がただ見学している時などということもあります。また工事現場は危険でもあり、慎重を要する作業をしている時などは、施主さんか一般の方か分からずに邪魔物扱いされることにもなりかねません。

大工さんにとっては、仕事ですから当然この機会がなくても同じようにきちんとした仕事をしますが、自分が携わる家に誰が住むのか知っていると、いいかげんな仕事ができないのも人情です。大工さんにとっては上棟式をきっかけに「さあ、これからだ」とスイッチオンに切り替わるのです。施主さんの方でも、どんな大工さんが自分の家をつくってくれるのか知っていると安心でもあるわけです。

しかしこれは決まりごとではないので、金銭面を考えると、お金がかかることでもあり、いろいろと細やかな気配りをするのがおっくうだと思われる方は、省略してもさしつかえありません。

上棟式では相場として大工の棟梁には二万~三万円、職人さんには五〇〇〇円程度の祝儀を渡します。上棟時には職人さんは建物にもよりますが四~五人はかかわりますから、約五万円となります。さらにお持ち帰り用のお弁当、酒代などを入れると、建築費以外に何十万円というお金がかかります。職人さん側にとってこの祝儀は大きいので嬉しいのですが、お客さま側には費用の負担がかかります。

だからといって祝儀を出さず、お持ち帰りの弁当と軽く会食をするだけなら、職人さんは早く切りあげ仕事にかかりたいというのが本音です。お互いの無理や無駄を省くために営業マンによってはあえて省略を勧める人もいます。

多額の費用をかけなくても、コミュニケーションの方法はいくらでもあるといえます。冷たいジュースや熱いお茶などを差し入れることによって、大工さんはつかの間の休息ができます。いくら仕事とはいえ、自分の住む家を一生懸命つくってくれている大工さんに対して、「暑い中ご苦労さまです。大変ですけど頑張ってください」とねぎらいの言葉をかけるだけでも、十分心は伝わるものです。

上棟式とは決まりごとではありません。あくまでも施主さんの考え方でしても、しなくてもよいのです。家を建てるということは大変な作業なのですから、できるだけ無理や負担のないようにしてください。

安心か快適か？　個人の主観で自由に選んで

住宅を建てる際に、方位を大切に考える方も多いと思われます。鬼が出入りするといって万事に忌み嫌う方角（北東の方角）は鬼門《きもん》といわれ、キッチンやトイレなど水まわりを持ってきてはいけないといわれています。

これは神仏を別に考えても、昔の人の合理的な生活の知恵でもあります。例えばトイレなどは今のように水洗便所のない時代には、匂いの問題を解決するために風通しのいい位置につくることを考えなければなりません。また冷蔵庫などない時代であれば、キッチンはできるだけ食材が傷まないよう、涼しい場所でなければいけません。これは自然とともに暮らした昔の人にとっては、非常に合理的でよく計算された配置でもあるわけです。

しかし現代、特に都心においては昔の事情とは違っており、ほとんどの一戸建ての住宅は玄関がある一方を除いて三方が塞がってしまいます。両隣と裏には他の家が建っているので、鬼門にとらわれ過ぎると希望の間取りをとることが難しくなります。

また現代ではほとんどが水洗便所なので匂いの問題はなく、冷蔵庫やエアコンの普及によって食材が傷むこともありません。キッチンは気持ちよく食事ができるように、日当たりのよい場所に持ってくることも多いようです。

これは個人の主観の問題であり、鬼門を昔の迷信として希望の間取りをとるのか、きちんと神社などに相談し、お払いしてもらうことによって安心するのか、何を重視するかによって変わってくるので一概にはいえることではありません。鬼門については相談される神社や流派によっても違うので、一般論として語ることはできません。

ただ、鬼門を重視される方に気を付けていただきたいのは、住宅を建てる際の土地に対しての鬼門なのか、建物に対する鬼門なのかを説明してください。

昨今の住宅事情によっては、土地に対して建物が違う方向に建てられる場合もあるので、これを間違えると鬼門は全然違う方角になってしまうので注意してください。

方位ということだけではなく、個人の主観による問題は、「こうしなければいけない」、また「このようにしてはいけない」ということではありません。個人の自由な考え方によって安心で、快適に暮らすことが大切なことであり、そのためにそれぞれの考えに従って決定することです。

もう後戻りはできない、契約書の確認は慎重に

契約とは、原則として申し込みの意思表示と承諾の意思表示が一致した時に成立します。これは書面だけではなく言葉だけの契約をも含んでいます。通常一般社会での売買では基本的に契約書を取り交わす必要がなく、買おうと思った品物はお金を支払えば自分の持ち物になります。

しかし、不動産は高額であり、欲しいと思って代金を支払ったとしても、その場で手に入るわけではありません。そこで、売主と買主の双方が最終的に売買条件を取り決め、契約後のトラブルが発生しないように条件を明確にし、書面にしたものを契約書として取り交わすのです。

住宅購入の際には、気に入った物件が見つかっても、すぐにその場で契約するというわけではありません。売主が個人の場合は別として、一般的に仲介会社を通した物件の場合はまず「不動産購入申込書」に署名、押印します。この書類によって購入の最優先順位が確保されます。住宅購入の予約ということです。これは手付金ではないのでお金はいりません。

また法的な根拠はないので提出後に断ることも可能です。しかし売主側にとっては他に希

望者を募れないので、よく考えた上で意思表示をしてください。

新築マンションなどの場合にはこの時点で「申込証拠金」や「交渉預かり金」といった名目で、五万～一〇万円の金額を支払うこともあります。このお金は購入の際には手付金の一部になりますが、「手付け金」を支払うまでは基本的に買うのをやめることも可能です。その場合、通常はこのお金は返してくれますが、返金できないといわれるケースもないとはいえません。事前に文書で確認しておいてください。

購入を決めればここから売買契約を取り交わすことになります。この契約書に署名、押印をすると簡単には後戻りはできないので慎重に行動してください。

契約書にはさまざまな内容が書かれていますが、特に注意しておいて欲しいことを何点かあげてみましょう。

まず、「売主の引渡義務」の欄で住宅の引渡期日を確認してください。完成途中の物件や中古物件などで引き渡しが遅れた場合に、その間の借家の契約更新や、引っ越し会社のキャンセル料などの費用負担を取り決めておきます。

また「危険負担」の欄で、引き渡しまでに地震や火災、台風といった不可抗力で損害を受けた場合の取り決めを注意しておいてください。通常は「損害が軽い場合には売主が修復する、または代金を引き下げる。そして損害が大きい場合には買主は契約を解除でき、手付け金は返還される」というような内容にしますが、これも確認しておかなければいけない重要な事項です。

住宅購入には住宅ローンがつきものですが、契約過程で金融機関の審査によってローンが受けられなくなる場合があります。この場合に契約を白紙に戻し、それまでに支払った手付金などの諸費用を返してもらう「ローン条項（ローン特約）」という欄があります。この特約事項には融資先の金融機関やローンの金利を明記しておきます。これが明記されていなければ、一つの金融機関で融資が受けられなくても、他の金利の高いローンを組まされないともかぎりません。

また契約書の収入印紙は相応の額を売主、買主の双方に必要です。これがなければ税務署の調査があれば、三倍の収入印紙を請求されることになりますので注意してください。

その他さまざまな項目がありますが、住宅は高額な買い物ですので、契約内容によって支払う額が大きく違ってくることもあります。契約時にはその項目がどのような性格のものかをよく確かめてください。

しかし、不動産の契約書は一般ユーザーの方にとっては難しく、個人で詳しい内容を把握するのは難しいと思われます。難しい専門用語も多く、隅々までよく理解できないままに契約を取り交わす方もおられます。

私の会社では、不動産の契約に際しての疑問や質問を無料で受け付けています。不動産の購入にかんして悩んでおられる方は、いつでも気軽に連絡をいただければプロのスタッフがお答えします。

重要事項説明書は最重要チェックポイント

契約時に注意しておかなければならないもう一つの重要事項が「重要事項説明書」です。宅地建物取引業法の三五条にも「業者は購入者に対して、契約前に書面にて宅地建物取引主任者に重要事項の説明をさせなければならない」とあります。したがってこの説明をしない業者は業法違反となります。

この重要事項とはまずその物件の住所、面積、建物の形態などの特定が明記されています。さらに登記された権利の状態（所有権か賃貸権か）や債務の状態（正当所有者名、権利や抵当など）、また代金や契約解除にかんする事項、電気、水道、ガスの供給ならびに配水設備の整備状況や道路づけ、その他法令に基づく制限に違反がないことを購入者に説明することです。これが購入者にとって、その物件購入の最終的な判断材料となるのです。

都市計画における用途地域がどのような地域であるか、また建築基準法上の建ぺい率や容積率がどの程度か、マンションや集合住宅の場合には管理規約が、どのようになっているかということを細部まで説明しなければなりません。ただし、これは逆にいえば説明すればよいのであって、購入者が理解できたかどうかは問題ではないというところに、この重要事項説明書の落し穴があるのです。

この重要事項説明書には建築にかんするごく専門的な用語が多いので、一般ユーザーには理解しにくいことが多くあります。説明する人は宅地建物取引主任者というくらいですからその道のプロです。一般の人からみれば、聞いたこともない難しい用語をすらすらと説明されると分かったような気持ちになり、簡単に判を押してしまうこともあるでしょう。

しかし理解しないままに判を押すとトラブルの原因になります。中には業者側のミスもないとはいえないのです。確認ミスで責任範囲が変わってしまうことも大いにあるのです。判を押す前には必ずその内容がどのような性格のものか、また何のために必要なのか、特に数字が書かれている場合には、その数字が正しいかどうかを確認しておかなければなりません。

一般の方から見れば契約書の方が重要だと思われるでしょうが、契約書は重要事項説明書の中の最重要項目を抜粋した内容のものがほとんどです。もちろん契約書は不動産取引においては必要不可欠なものですが、それ以上に重要事項説明書は重要なものなのです。

理解できないところはただちに質問し、理解できるまで説明を受けてください。それでも不安であれば、全国の各都道府県の不動産振興会には相談窓口がありますので、聞いてみることです。

私の会社でも不動産に関する無料相談窓口を設置しており、住まいにかんする悩みごとなど気軽にお電話をいただければ、いつでもプロのスタッフが応対いたします。また各都道府県で条例が違うので、他府県の方は必要書類を添えて郵送、またはファックス送付していただければお答えしますので、気軽にご相談ください。

重要事項のここに注意

重要事項説明書とは売買契約の手続きの一つです。契約する物件にかんする重要な事柄を、資格を持つ宅地建物取引主任者が説明をします。次に主な項目を説明します。

瑕疵《かし》担保責任／アフターサービス――購入物件に欠陥があった時、売主が責任をとって修理したり、損害賠償に応じたりすることです。売主が不動産会社の場合、この瑕疵担保責任の期間を「引き渡しから二年」より短くすることはできません。

売買代金以外に授受される金額の欄・目的——購入代金（登記費用、ローン保証料、ローン手数料など）以外に必要なお金がいくらかかるかを確認してください。契約時に支払う手付金も記載されています。売主が不動産会社の場合には手付金は契約代金の二〇％以内です。

契約の解除に関する項目——契約後にキャンセルする場合の方法です。通常は売主が「契約を履行する前」であれば、手付金を放棄することで解約ができます。しかし、買主の依頼で設計変更の材料を発注したり、買主の意向でローンの借入手続きをしたあとでは手付金放棄だけでは解約できない可能性があります。この場合、違約金を支払うことになります。

手付金などの保全措置の概要——売主が不動産業者の場合、倒産という可能性もあるため、一定額以上の手付金に対して保全措置をとるように義務づけられています。この欄で保全の有無を確かめましょう。保全措置がとられる場合、手付け金を支払う時に保全機関の発行した保証書を受けとっておくことです。なお一定額とは完成物件の場合価格の一〇％、未完成物件の場合五％です。（一〇〇〇万円以上の手付金を支払う場合に必ず保全されます）

建ぺい率／容積率——建物の大きさを規制する建ぺい率と容積率は必ず記載されています。購入する物件が建築基準法を守っているかどうかチェックしてください。違法建築でも住むことはできますが、建て替える時になれば今より小さな家しか建てられなくなります。

手数料の内容次第で支払い額に大きな差

不動産購入時には、物件の価格とは別に購入に際してのさまざまな手数料が必要です。物件を購入する際に業者に仲介してもらう場合であれば、仲介手数料、司法書士に払う登記手数料、また住宅ローンを組むのであればローン手数料など、物件購入時の諸費用とは別に必要となってきます。これはそれぞれ物件の価格と関係してきますが、少なくない金額になりますので、これも注意が必要です。

まず、不動産仲介には仲介手数料が必ず必要になってきます。仲介とは業者が売買をする売主と買主の間に入り、不動産売買にかんする複雑な交渉をまとめることであり、交渉成立時にサービス料としての仲介手数料が発生するということになります。契約をまとめた場合に不動産業者は、依頼者に成功報酬として仲介手数料を請求できるのですが、これには法律で上限が定められており、この上限を超える請求をした場合には違法となります。

具体的には取引額に応じて三通りの設定がなされています。まず取引額が二〇〇万円以下までを五％、二〇〇万円以上四〇〇万円以下を四％、四〇〇万円以上を三％という設定になっています。

しかし、不動産を購入しようと思えば、どんな物件でも四〇〇万円以上はすると思われます。通常中古マンションであっても一〇〇〇万円以上は常識でしょう。

そこで、この仲介手数料の速算式として取引価格の三％プラス六万円という計算をします。これは例えば二〇〇万円以下の物件の仲介手数料は五％ですから、本来は一〇万円なのですが、これを三％とすれば六万円となり、この差額は四万円です。また二〇〇万円以上四〇〇万円以下の場合は四％なので本来は八万円ですが、これも三％で換算すると六万円となり差額が二万円になります。

この差額分の四万円と二万円を足した金額が六万円となり、全体のバランスをとるために、四〇〇万円以上の手数料は三％プラス六万円ということになっています。

これは業者側から依頼者に対して請求できることになっています。つまり、売主または買主の一方からの依頼の場合、この計算式によって割り出された金額を、上限として仲介手数料を請求することができるのです。この場合売主側の業者と買主側の業者が取引をし、契約成立となります。これが一つの業者が売主と買主の双方から依頼された場合、売主側と買主側からそれぞれの手数料を請求できます。

さらに間に数社の業者が入る場合もありますが、その場合、業者同士の話し合いによって取引額が決められますが、一般ユーザーが支払う金額は変わらず三%プラス六万円以内です。

この報酬額については、不動産業者の事務所に掲示することを義務づけられていますので、これも業者選定の判断材料になります。

その他住宅ローンの手数料がありますが、これに対して規定があるわけではありません。一律いくらという金額を設定している業者もあれば、ローン額の○%というように契約内容によって異なってきます。これは本人の年収や職制によってローンを組む際の、仕事量の複雑さ加減によることとなります。

不動産の取引は複雑な問題を多く含みますので、取引の際には手数料がかかったとしても仲介業者に依頼することをお勧めします。のちのちにトラブルが起きた場合に仲介業者に依頼しておれば安心です。

ただし、手数料も少ない金額ではありませんので、契約時にはきちんとした取り決めをしておくことを忘れないようにしてください。

仲介手数料

宅地建物取引業法四六条には「一般消費者を保護し、報酬額の面でも不動産取引の適正化を図るために業者が受領できる報酬制限を建設大臣が定めることとし、業者はこの額を超えて報酬を受けることはできない」とあります。またこの報酬額の詳細については建設省告示に規定されています。

登記手数料

登記とは登記簿上の所有者の欄に名前を記載することで、これによってはじめて自分の家であることが認められるのです。手続きには登録免許税という税金がかかります。税額は土地と建物それぞれの固定資産税評価額をもとに計算されます。この評価額は固定資産や登録免許税だけではなく、住宅の売買に関わるさまざまな税金を計算するための基準となります。この手続きは本人に代わって司法書士が行なうことになっており、その際には手数料が入ります。

第三章

豊かな住まいをつくるために

工夫次第でより快適な住まいづくり

購入時にはいくら気に入った家でも、長年住んでいるうちに建物や設備に傷みが生じてくるものです。また購入時とは家族構成が異なり手狭になってくることもあります。そんな時にリフォームを考える人も多いでしょう。ひと口にリフォームといっても、床や壁を張り替えるといった簡単なものから、設備や内装を全面的に変えるといった大規模なものまで、かかる費用には大きく差が出てきます。

とはいえ大規模なリフォームを行なったとしても、建て替えるよりは経済的な負担がかかりません。また基礎や骨組みはそのままでも内装や外装をリフォームすれば、見た目には建て替えとほとんど変わらないくらいです。ただ、建物の構造部分はそのままなので、長期的なメンテナンスを考えると建て替えのほうが安くつくといったことも考えられます。通常リフォームにかける金額は、建て替えに必要な金額の六割以内におさえるのが得策だといわれています。

簡単なリフォームであれば問題はないのですが、全面的なリフォームの場合、工事の期間、仮住まいに引っ越し、完成後にまた戻ってくることになります。要するに二度引っ越すことになるので、それにかかる費用や手間もバカになりません。住み慣れた家をリフォームするのですから、その際には、どこをどのように変えれば、これまで以上に快適に生活できるかをよく考えて、満足できるリフォームにしてください。

リフォームのメリットの一つは日常生活では分からない傷みが分かることです。特に水まわりなどのリフォームでは日頃、目には見えない配管をメンテナンスするいい機会でもあります。この際、家全体の配管をチェックするのもいいでしょう。

また浴室やトイレ、キッチンなどはまとめて工事をしたほうが安く仕上がることもあります。このようにリフォームは家の構造をチェックするいい機会でもあります。大がかりなリフォームの際には耐久性や、耐震性などの補強工事をしてもらうこともできます。

メンテナンスを依頼する際には業者の選定が大切になってきます。まず、連絡をした時のフットワークのよい業者を選びましょう。金額については通常危険負担を見越した見積もりなので、多少高く感じることもありますが、通常実際に工事にかかった費用以外は返してくれます。しかし業者によっては見積もり金額をそのまま利益にするところもありますので、契約時にはよく注意してください。

リフォームもメンテナンスもこれによって快適な住まいをつくるためのものです。新築の住宅に比べればかかる費用も安く、変化に乏しいかもしれませんが簡単なことではありません。またいくら内装を一新したからといっても、以前と同じように部屋中にモノがあふれていては意味がありません。長年住み慣れた家を新しくするのですからリフォームの際にはすっきりと収納力をアップして、これまで以上にリフォーム後の生活を快適に送ってください。

数社からの相見積もりをとることも重要です。住宅にかんする費用はいずれをとっても決して安いものではありません。業者を選定する時には必ず数社から見積もりをとることです。それを比較することで、「希望に応じてくれる業者はどこか」、「他社との金額の差」などが分かります。業者の方でも相見積もりは当然だと心得ているので、ぜひ数社の見積もりの中から納得のできる一社を選んでください。ただし、見積もりの金額のみで善し悪しを判断するのは危険ですので、内容を聞いた上で判断してください。

お年寄りが安心して暮らせる世の中に

バリアフリーとは制度的、物理的、精神的なバリアを除いて、高齢者や障害を持つ人々が健常者と同じように暮らせるようにすることを意味しますが、住宅や建築では物理的なバリアを除去することを中心に行なわれています。

日常の生活空間において身障者や、高齢者が暮らしやすいようにさまざまな障壁（バリア）をなくした住宅をバリアフリー住宅といい、現在では注目されています。身障者や足腰の衰えた高齢者が自宅で自立した生活ができるように、住宅内の段差をなくし、廊下を広くとり、またつたい歩きができるように手摺りをつけるなど、住宅内の設備にはさまざまな気配りが行なわれています。高齢者や身障者が使いやすい設備は、すべての人にとっても使いやすいという観点から、ユニバーサルデザインとしてバリアフリー住宅を捉える方向が重視されており、今後訪れる高齢化社会においてバリアフリー住宅はますます主流となると思われます。

しかし一方では一種のブームとなり、設備が整った高級な住宅という感があります。価格も通常の住宅に比べかなり高額になっています。また残念ながら現存のバリアフリー住宅を見てみると、まだまだ完全とはいい難いと思われます。

バリアフリーといえばまず、床をフローリングにして段差をなくすということが一つの方法ですが、これだけでは不十分です。車椅子で移動することを想定すれば、廊下や階段の間隔はできるだけ広くとっておくべきです。

またバス、トイレ、洗面台などをできるだけ広くとっておき、建物全体の間取りも含めて高齢者や身障者が、移動しやすい設備を整えなければなりません。今後はホームエレベーターなども普及されるべきでしょう。

高齢者、身障者が健常者と同じように暮らせるような住宅こそバリアフリー住宅といえるのです。床をフローリングにしただけでバリアフリー住宅と謳い、普通の住宅より高額で販売している業者がいますが、床に段差がないということは、それだけ手間が省けるので工事費用は安くつくはずなのに、ブームに便乗して価格があがるというのは批判されるべきです。

高齢化というのはすべての人々が経験する道であり、将来的には自分も必ず高齢者になるのです。メーカーサイドも業者もコストを下げる方法を考えるべきであり、行政は福祉問題として一刻も早く整備するべきです。

今日の日本の社会を発展させた私たちの先輩である高齢者たちが、老後を安心して豊かに暮らせるような社会をつくる使命が私たちにあると考えます。利害や損得で勘定できる問題ではないのです。もちろん住宅の問題だけではありません。公共施設や公共道路、交通手段など、欧米の先進国に比べて日本はまだまだ福祉問題の整備は劣っています。

欧米ではお年寄りが大切にされ、車椅子でどこへでも不自由なく行動できるのです。日本にもお年寄りを敬うという貴い心があったはずです。私たちのひとりひとりがお年寄りを尊敬し、大切に思うことを願ってやみません。ひとりひとりの心が集まれば、いつかそれは社会全体の願いとなり、大きく老人福祉に繋がっていくことでしょう。行政はこの問題を深刻に捉えて対策を考えていくべきです。

コーディネートを楽しんで快適な暮らし

念願かなっていざ設計段階に入ると、家具や内装材、間取りなどのインテリアをどのようにするかというのは楽しみの一つです。

特に注文住宅や、自由設計の場合には希望価格による制限はありますが、ある程度は好みに応じて選ぶことができます。しかし、クロスや壁紙などは数センチ角のものを見ても全体像が分かりにくいものです。実際に貼ってみると想像とは随分イメージが違うこともあります。家具もカタログだけではイメージしにくいと思われます。

またそれぞれのカタログは膨大な量があり、その中から一つを選ぶのも大変で、何より一般の方に平面上で立体のものを想像するのは難しいと思われます。

私たち業者側はクロス一つをとっても破片を見れば全体像を想像できるので、お客さまの好みを調整しアドバイスはしますが、これぱっかりは感性の違いがあるので気に入ってもらえないこともあります。

私たちにはアンバランスだと思えるようなコーディネートでも、お客さまにとっては満足できるものだったりするのです。

多少費用をかけてもこだわりを持ちたい方は、プロのコーディネーターに依頼するのもよいでしょう。何度かの打ち合わせが必要ですが、個人の感性を読みとってくれ、好みのインテリアに仕上げてくれるでしょう。

新居に移る時には新しく買いそろえるものもあるでしょうが、長年使っていた家具や、建て具などには愛着があるものです。それらは新居の間取りを考える時に、配置する場所を考えながら設計するのも一考です。そうして既存のものと、新しいものの調和を楽しむのもインテリアの醍醐味です。

また建て替えやリフォーム時には広い空間をつくろうと思っても、工法によっては取りはずせない構造壁や柱などが残ってしまうケースもあります。そんな時にも、発想次第で壁や柱をインテリアの一部にとり入れてしまうというのもいいでしょう。

最近ではインテリアに興味のある主婦の方も多く、この際自分の趣味を活かしたコーディネートを楽しもうと思われる方も多いでしょう。せっかくの新居ですから、いろいろとチャレンジしてみるのも面白いと思われます。

またインテリアコーディネートから視野を広げ、「住まい」や「暮らし」ということを考えると、テーブルウェアやホームウェアに至るまで発想を広げることもできます。採光をどこに置くかでイメージが変わり、テーブルに置いた一輪挿し一つでイメージが変わります。インテリアにかんする雑誌なども多く出版されていますので、それらを参考にしながらいろいろと楽しんでみるのもいいのではないでしょうか。

あくまでも家というのは、そこに住む住人の居心地がいいことが大切です。十人十色といわれるように、人それぞれに趣味や好みがあるのです。自分の持つ感性を活かした住空間をつくることで、より快適な暮らしを送ってください。

気配り一つでスムーズな引っ越し

建物の引渡しの手続きが終わるといよいよ引っ越しです。ここで問題となるのはやはり引っ越しにかかる費用でしょう。荷物をすべて自分で運ぶのか、専門業者に依頼するのかで費用はかなり違ってきます。また新築の場合には一度の引っ越しですみますが、建て替えの場合は、今ある荷物をどうするかという問題があります。

工事期間中の住まいは少しでも費用の負担を軽くするために、そしてあくまでも一時期の住まいなのであまり広いところは借りない人が多いでしょう。最小限の生活必需品が納まれば、あとはトランクルームなどに荷物を預かってもらうのが得策です。とはいえ広さにもよりますが、トランクルームを借りるのにも結構な金額になりますので引っ越し業者に紹介してもらったり、個人的な伝《つて》でなるべく安くしてもらえるような交渉はしてみることです。

また一時期の仮住まいなので、家主にも礼金や敷金の交渉もしてみることです。短期間のことなので、この際贅沢はいわず少し手狭に感じても、少しでも家賃の安いところでがまんしましょう。

引っ越しを専門業者に依頼する際には必ず数社から見積もりをとってください。一社からでは安いか高いかの判断もつきにくいものです。家を建てる時と同様に数社からの見積もりを比べて判断してください。専門業者の方でも相見積もりを当然と考えているので、交渉次第では値引きに応じてくれることもあります。

予算に応じて荷造りまでを専門業者に任せるという引っ越しメニューもありますが、費用が割高になるので、小さな荷物は自分たちで整理し、大きな荷物の荷造りと運搬だけを依頼するというのが一般的です。荷物を詰める段ボールには必ず中に何が入っているかを記入しておいてください。新居に荷物を運ぶ時に専門業者の人にも分かるように「一階リビング」、「二階寝室」など置き場所を大きく書いておくと便利です。

また引っ越しは荷物を整理するチャンスでもあります。日常ではほとんど使うことがないものでも、なんとなく捨てられないものが家の中には結構あります。長年住んでいると、いつのまにかかなりの荷物が溜まってくるものです。もちろん中には大切な思い出の品もあり、使うことはなくても大切に保管しておきたいものもあるでしょう。

しかし、「一年使用することがなければ一生使うことはない」といわれているように、使われることのないままに納屋などにしまわれているものもあります。この際「不用品」と思えるものは処分するにかぎります。

大きな荷物の処分は解体業者に引き取ってもらうことになるのですが、この処分にも費用がかかります。解体業者はリサイクルショップに売るのですが、リサイクルショップが現在では品物が余っているのでいい条件では売れないのです。ひと昔前ならばいくらかの金額で引き取ってくれたのですが、現在では逆に処分に費用がかかるのです。

そして実際引っ越しとなる前に、その前後にすべきことを計画しておきましょう。引っ越しの前日になって慌てることのないように、数日前には荷造りを始めます。まずは荷物を納める段ボールの手配をします。これは引っ越し会社で購入すると、交渉次第では安くなることもあります。さらにガラスや陶器などの割れ物を段ボールに詰める際に、新聞紙も大量に必要となるのでとっておきましょう。また各段ボールには中身を大きく記しておきます。何といっても生活にかかわるものすべてを新居に運び入れ、翌日から日常生活を始めるわけですから大変な作業となるのです。

引っ越しには荷造りを進めると同時に、住所変更にともなう各種手続きもすまさなければなりません。短い期間にさまざまな手続きが必要となってきます。あらかじめ手続きの必要な事項をまとめておき、役所ではなるべく一度で手続きをすませるようにしましょう。

そして引っ越しが無事終われば、ご近所への挨拶を忘れずにしましょう。建築中はもとより引っ越しの際には騒音など、ご近所の方の迷惑になることも多いと思われます。それらへのお詫びと、これからのご近所付き合いをスムーズにすすめるために引っ越しの当日か翌日にはご挨拶はしておきたいところです。

新たな地での近隣の情報など知っておきたいことも聞くことができるでしょう。新たな新居で快適に暮らすためにも引っ越しまでをスムーズに行なうことが大切です。

街づくりは近隣への心づかいから

人がひとりでは生きていけないのと同じく、一つの家族だけで生活のすべてが行なわれるわけではありません。もちろん心の置きどころは家族であり、自分の家がくつろぎの空間であることは確かです。しかし、もう少し視野を広げて自分が住んでいる地域社会の一員であることを忘れないでください。

近隣との暖かい交流が健全な街づくりに大いに影響を及ぼし、健全な街はまた自分にとって住み心地のよい住まいとなってくれるのです。ご近所の人たちとの交流は普段の挨拶はもとより、公道の掃除など、日常生活における些細なことでもお互いが助け合うことによってよい付き合いができるのです。

もちろんそれが高じて他人のプライバシーを侵害してはいけません。しかし日本の古きよき慣習として「向こう三軒両隣」といわれるように、近隣がよい関係を保っている街は活気があります。

昨今では個人主義と称してプライバシーを重んじるあまり、隣人との付き合いはなく、中にはお互いの顔すら知らないという人もいます。隣家にボヤが起きたり、泥棒が入ったりしても全く気づかないということもあるようです。しかしいくら親類や友人がいるからといっても突発的な事故が起こった場合、いざという時に助けてくれるのも「遠い親戚よりも近くの他人」です。

この近隣とのお付き合いがよくよく分かるのが住宅を建て替える時です。施主が隣人との付き合いが悪ければ工事の際にクレームをつけられやすいのです。例えばいくら私道だからといっても、権利だけを主張するともめごとの原因になります。

工事中は騒音や振動などいくら注意をしても隣人には迷惑がかかります。特に昔の文化住宅のように家が連なっている場合には、直接影響を与えることになりますが、その時に隣家から「音がうるさい」、「家ががたついたので補修をしてくれ」ということになることがあります。業者側は当然間に入って説明をしますが、仲が悪ければ感情論になりますので、なかなか納得してはもらえません。しかし業者に不備がない場合の補修となると、その費用は施主に請求しなければなりません。そうなると感情だけではなく、余分な費用もかかってくることになります。

きちんとした業者は工事前に近隣にはできるだけ挨拶をします。一日の工事が終われば掃除もきちんとすませ、近隣に迷惑はかけないようにしますが、業者によってはそこまではしてくれないところもあります。ここでも業者選びが大切になってきます。無愛想な業者や常識のない営業マンのところに依頼すれば、近隣への心づかいができません。

建築現場の近隣への心づかいで業者の善し悪しが分かるともいえます。ことに建築現場には多くの業者が出入りしますので、一社が非常識な態度であれば、他の業者までが非常識ととられることも多いのです。

これは新築、建て替え、リフォームにかかわらず、施主と業者ともに近隣への心づかいが大切となります。今後暮らしていく自分の城が快適であるためには、ご近所との暖かい心の交流が大切になってきます。人はひとりで生きていけるものではないのですから、必要最低限の心づかいをしてください。

健康な家づくりで安らぎづくり

強い家、丈夫な家を建てるための構造上の条件が整えば、次にはそこに住む人の「安らぎ」や、「楽しみ」といった精神的に豊かになることのできる空間づくりが必要です。心が豊かになるのは健康であることが大切な条件です。そこでその健康を支えてくれる家づくりをすることが、豊かに暮らせる一番の条件となるのです。

このところ「ダイオキシンが怖い」、「環境ホルモンが不安」、「化学製品は危険」と地球環境問題についての話題がテレビや新聞などのメディアでは毎日のように騒がれています。特に住まいにかんしては、新建材に含まれるホルムアルデヒドなどの化学物質による健康障害が拡大しており、早急な対策が必要となってきています。

鉄骨に耐火性を保つためにつけるカビのように見える薬剤は発ガン性があります。また建材に問題はなくても、接着剤や乾燥剤にも化学物質が使われています。しかし健康に害があるからといってそれを使用しなければ、今度は構造上に影響が出てくる場合があるのです。健康な住宅についてはさまざまな概念がありますが、化学物質を一切使用せず、すべて自然素材を使用すれば健康な家づくりができるというものではありません。

例えば天然の杉などは材料としてよく使われますが、昨今では花粉症を起こす原因で最も多いのは杉によるアレルギーです。もちろん材木は完全に密封されていますが、目に見えないところでアレルギーに犯されている場合があるのです。またカビやダニが原因で健康障害に苦しんでいる人もたくさんいます。このように家の中には有害で健康に悪いものは無数にあるともいえます。

現在、住宅建築で行なわれているような優れた工法は、近代科学の発達が生んだ産物といってもいいでしょう。住宅は科学の力なくしては実現できないものですから、いくら有害の物質を排除しようとしても要所要所では、化学薬品を使わざるえないのも現実です。

確かにこれら化学物質は大きく健康を害するものもあるでしょう。しかしそれらは住宅建設の数ある条件の中の一部に過ぎないということも知っておいて欲しいのです。もちろんあきらかに有害で、ただつくる側が「使いやすい」、「コストが安い」、「手間が省ける」といった理由だけで使用されるのであればそれは止めるべきです。

しかし、構造上の問題で使われている場合までも神経質に考えていると、かえってそれが原因でストレスから健康を損なうこともありえます。最近では住宅の中にいるために身体の不調が起きるというシックハウス症候群にかかる人も多いようです。

自分の家がくつろげる空間であるためには、健康な家づくりをすることが大切な要素となるのです。家族の健康を管理するために素材に何が使用されているかという知識を持ち、それが自分たちにどのような影響を与えるか知っておくことが大切です。

構造上の理由のためには譲歩できるものもあるでしょう。反対に家族の身体を考えるとどうしても使用を避けたいものも出てくると思われます。健康はお金で買えるものではなく、また病気は未然に防げるものでもあるのです。健康な家づくりをするためにはそれを認識した上で、対策を考えることが大切です。

リビング中心で家族団欒

家をつくる時、間取りをどのようにとるかというのも楽しみの一つです。現在の家族構成や、将来リフォームをしやすいようにということまで考えておくことをお勧めします。

間取りを決める場合、それぞれの家族構成や生活スタイルによって違ってきますが、どの家庭でも共通する基本的なポイントというものがあります。まず生活の中心をどこに置くかを決め、そこから各部屋の配置など家族の導線を考慮していきます。

この時、家の中心をリビングに置くことをお勧めします。家を守る母親は自宅にいる時には、ほとんどの時間をリビング、ダイニングで過ごすことになりますから、家族が外出先から帰ってくると必ずここで顔を合わせ、何らかの会話が生まれるからです。各自のプライベートな部屋へいくのも必ずリビングを通っていくことで、家族の温かさに触れることができるのです。

ここで母と子の会話、夫婦の会話、家族の団欒が生まれます。それは決してリビング中心の間取りをしないと家族団欒が生まれないということではありません。人と人との触れ合いはまず、顔を合わせ、相手の目を見ることから始まると考えるからです。相手に興味を持ち、会話によってコミュニケーションをはかることができるからです。それが家族であるならば、その日の健康状態や精神状態は顔を見れば分かるでしょう。

子どもが「今日学校でどんな勉強をしてきたのか」、「今からどんな友だちと遊ぶのか」、また「夫は今日は疲れているのか」、「仕事がうまく運んだようだ」などと、家族が集まりやすい空間であれば、おのずとそこに団欒が生まれるのです。

ひと昔前までは、これが家族の当然の姿であったはずなのです。しかし、現在の若い世代の人たちはプライバシーを尊重するあまり、近隣との付き合いもせず、家へ帰ってきても誰とも顔を合わさずに玄関に入れば廊下、階段を通って自分の部屋へ引きこもるという時代です。家族と会話をかわすこともなく、自分の部屋でひとりコンピューターを相手に一日を過ごすという子どもたちも多いでしょう。

親もまた子どもが何をしているのか知らず、気が付いた時には子どもは非行に走って、手のほどこしようがないといった状態を生んできたのです。現在の相次ぐ少年事件は家族関係が希薄になったことにより、子どものしつけがうまくいかないのは、家族間に会話のないことによるコミュニケーション不足が大きな影響を及ぼしていると思われます。

また熟年離婚というのも、夫婦のコミュニケーションがなく、夫は疲れて帰ってくればただ寝るだけという状態が長く続いた結果が多いようです。子どもの孤立や、夫婦間の亀裂には他にも問題があるにしろ、家族の団欒があれば、その一歩手前で回避できることもあるはずです。

家族の幸せというのは、決して大きな家や豪華な家に住むということではありません。家族を構成するひとりひとりが互いに思いやり、愛情を持って繋がっていることです。機能性や個人主義に片寄った家づくりでは、その愛情を確認できる「場」を持つことはできません。私の自宅は決して豪華ではありません。しかし、リビングとキッチンを中心においた間取りをしているので、常に家族は触れ合うことができます。長い人生には紆余曲折ありますが、ここで、喜びも悲しみも皆で分かちあえることを幸せに感じています。

一日の仕事に疲れて帰ってきても、家族が揃って迎えてくれれば、これに勝る清涼剤はありません。一日に一度は家族とコミュニケーションをとることで、言葉では表現しきれない愛情を確認できるのです。

家族にコミュニケーションがなければ、他人とのコミュニケーションはもっと難しいでしょう。人と人との繋がりが人間関係を形成していくのです。その基本は家族にあるのですから、楽しい家、会話のはずむ家づくりをすることが大切です。今、私たちの時代に子どもに伝えておかなければ、その子どもたちが親になった時、殺伐とした個人主義の世の中になるのです。

現在日本の経済事情、また社会情勢など、悩むところの多い日常の中で、せめて家族団欒のひととき、家族が憩える楽しい家づくりをしたいものです。

イメージに片寄らない、価値を変える間口の取り方

土地や住宅というのは持ち主にとっては大きな資産となります。当然その大きさや広さによって資産価値が違いますが、ここで注意しておきたいのはその建物の建ぺい率や容積率、要するに現在の建築基準法に適合したものであるかどうかということです。

建築物では建物前面の幅を間口といわれていますが、一間とは壁芯と壁芯の間が一・八一八メートルというのが正式な数字です。最近ではこれを一・八メートルで一間というのが全国的に主流になっています。これを基準に二間間口、三間間口という具合に数えられます。

当然間口が広くなるほど家の安定感があります。同じ面積でも奥行きがあっても、間口が狭ければその住宅には安定感がなく、横揺れに対しては弱いといえます。

また図面上では二間間口といっても、有効部分が柱芯から柱芯までの二間と、壁芯から壁芯の二間ではその幅は随分違ってきます。

昨今では一家に一台の車の所有は当たり前の時代ですから、住宅にはガレージがつきものです。同じ間口でも敷地面積に余裕があり、家と切り離して建物の外にガレージがあるのであれば問題はないのですが、都心部ではそういうわけにもいかず、一階部分の一部がガレー

ジになっている場合があります。

これは外観イメージがよく、若い人に好まれます。しかし実際にはこの部分は空洞のようなもので、柱や梁、壁がないので家の構造を考えると鉄骨住宅の場合は問題ないのですが、木造住宅になると非常に弱いわけです。もちろんハウスメーカーはアドバイスしますが、土地を有効に使おうと考えるお客さまや、デザインを優先されるお客さまがどうしてもといわれれば、そのような間口をとることになってしまいます。

少しでも広く、外観のイメージを重視するという考え方だけで選択すると、将来において資産価値のない住宅になってしまうことを知っておいてください。

注意！ 違法建築は資産価値が下がる

住宅を建築する際には行政によって定められた建築基準法によって、建ぺい率、容積率が決められています。この規制をオーバーし、敷地いっぱいに建てたり、延べ床面積を容積率以上に建てたりするケースがありますが、これはいわゆる違法建築となり、将来において資産価値がなくなるのです。

昨今の住宅事情により都心部、特に大阪市内では容積率は二〇〇％しかないので、例えば十二坪の土地を持っていても、最大で二四坪の建物しか建てることができないのが現状です。また土地の区画自体が小さく、土地の坪数では十五坪以下の土地が多く、それらの多くは違法建築をしているケースがよく見られます。

現在、行政指導のもと各金融機関が十五坪以下の不動産や、違法建築物に住宅ローンの融資をしない方向に動いており、買い手の市場が少なくなっています。しかし少し前までは違法建築であったとしても、その建物が大きければ評価もあがり資産としての価値があったのです。それが現在では行政の指示のため、このような現象が起こっているのです。

この違法建築というのはあくまでもその建ぺい率や、容積率の規制をオーバーしているということであり、建物自体の構造とは無関係なのです。建物自体の構造上何も問題がなかったとしても、行政が定めた基準によって違法建築とされるのです。

また、これは地方や全国レベルになると問題にはならず、都市型、特に東京都区部や大阪市内のように住宅が密集し、土地がないという状態にかぎられた問題なのです。

一般のサラリーマンの年収から考えると、住宅ローンを組むことができるのは三〇〇〇万円くらいが限界といえます。しかし大阪市内で三〇〇〇万円で購入しようと思えば、ちょうどこの違法建築が一番多く行なわれている物件になるので、これまで一般市場に出回っていたのです。この条件が年々厳しくなっており、これまでに違法建築の住宅を購入している人は、建て替えができず、資産価値はゼロに等しいのです。では、これまでに違法建築を購入している人はどうすればよいのでしょう。資産価値もなく、売りたくても売れない。

特に年収によっては住宅ローンを組んでいる方がほとんどといってよいでしょう。しかも住宅ローンは二重には組めないシステムになっているので、買い替えるとすればキャッシュで買うしかないのです。そうするとその人たちは一生そこに住まなければならないのです。

もちろん、住宅を購入する時は、ある程度の期間そこに住むことを考えます。中には一生の住まいと考えておられる方も多いでしょう。しかし、購入した時点で選択の余地がないというのは、どこかおかしいのではないでしょうか。これでは不動産を購入するメリットがなく、一般ユーザーに損をさせることになりかねないために、現在、宅建組合では建ぺい率、容積率の緩和を行政に申請しています。

法律を守ることは国民の義務ですから、規制を大幅に超えた違法建築はあってはいけないことだと思います。しかし国民がよりよい生活ができるための法律であるならば、現在の社会情勢にあった建築基準法であるべきです。

建築物の敷地、構造、設備、用途などに関して規定した法律です。

建ぺい率

建築敷地面積に対する建築面積の割合。建築基準法では、保安、衛生や環境保全のうえで必要な空地を保つため、種々の制限を設けています。

容積率

建築物の延べ面積の敷地面積に対する割合です。

住む人に価値ある家づくり

自分が住む家というのは誰もが自分なりの夢を持ち、趣味や好みに応じてつくっていくものです。もちろん個人によって予算がありますので、資金に応じてある程度の制約はありますす。しかしあくまでも「自分の家」と思うからこそ資金計画をし、長期にわたる住宅ローンも返済していくことができるのです。住宅を資産価値として捉えるとさまざまな問題はありますが、それとは別の問題として住宅を購入する人はあくまでも、「自分のもの」として捉えているのです。

これに対してこれからの日本の住宅は性能表示をする時代になってきます。この制度というのは一定の性能を数値で表示して、第三者機関が評定すれば公表できるようにする制度です。つまり性能を表示させることによって、質の高い家づくりを競わせようとするものです。質の高い家とはすなわちコストの高い家ということであり、一般ユーザーの「家を持ちたい」という気持ちとは別の部分での家づくりが勧められているのです。国家がよしとするところの、よい家をつくらなければならないという考え方にも思えるのです。

欠陥住宅をなくし、性能の高い家づくりを推進するという国家の趣旨は歓迎すべきではありますが、ここでいう性能とは「耐震性」、「耐久性」、「省エネ性」、「遮音性」などを表示し、その数値さえ高ければよい家と公認されるというのには、矛盾を感じずにはいられません。

住宅建設における基本的な性能はどんな家でも当然備えるべきものです。しかしそこで重要なことは数値で表示できない部分でも住み心地や耐久性、安全性の向上に役立つ工法や資材、また建築過程において正直に、誠実につくられているかということではないでしょうか。

現在の建築基準法による性能表示には、構造上何も問題のない部分でも数値によって換算された結果、規定に合わないと判断されることも多くあります。基準法を守って欠陥住宅ができるということはないにしろ、余計なコストがかかりすぎるという実質と基準法にかなりのズレがあるのです。

いい家にとっての性能表示の内容は必要条件に過ぎず、その他の構造や依頼先の選択を誤ると、いい家を手に入れることはできないのです。どんなに優れた性能を表示し、その数値が高かったとしてもユーザーにとってはまったく価値のないものとなってしまいます。

住宅を購入する人は、自分たちの住む家として真に価値ある家をつくりたいのです。にもかかわらず、国の定めている建築基準法に従わなければならないということは、結局は住宅は国の財産であるかのように感じてしまいます。視野を広げて見れば人は国の財産であり、その人たちが豊かに暮らすことが国家が豊かになるということです。しかし家というものは直接国家のものではなく、あくまでも個人の所有物であり資産です。国が定めた基準を、個人の所有物である家に押しつけるべきではないと考えます。

構造上の安全性は当然守らなければなりませんが、その他の部分では、所有者である個人の予算や好みに応じてつくられることが、私たちが考える「家を持つ」ということなのです。

若い世代の人たちにも持ち家を

現在日本では土地、家屋など固定資産の所有者は法律によって固定資産税を支払う義務があります。これはその価格（評価額）を課税標準として、その所在地のある市町村へ納める地方税のことですが、自分が買った住宅になぜ固定資産税を払うのかということに疑問が生じます。

また相続以外で住宅や土地を取得すると、所在地の都道府県へ支払う不動産取得税がかかります。これら税金をトータルすると結構大きな額になります。さらに、たとえ親が残しておいてくれた土地や家屋でも相続する際には相続税がかかり、三代分の相続税を支払っていれば、その不動産とほとんど同額分のお金を支払うことになります。

自分の土地や家を自分で購入し、そのために何十年も毎月毎月ローンを支払っているのにもかかわらず、なおかつ国の評価によって評価額が決められ、それに見合った税金を納めなければいけないということです。自分のものであるはずの土地や住宅の価値が、国に左右されるということは納得のいかないところです。

これは別の意味で捉えると、日本の土地や住宅のすべてが国家のものであり、決して個人の持ちものにはならないということになるわけです。

例えば私たちが他のものを購入する場合、代金を支払えば、その時点で当然自分のものになります。車など他に税金のかかるものも中にはありますが、その税金が道路工事など車に関連することに使われると思えば、税金を支払うことは納得ができますが、住宅の場合は関連があるようには思われません。国民には納税の義務があり、これが適正に使われることが国の繁栄に繋がると考えます。しかし高い税金を納めなければならないのであれば一般サラリーマンにとって、家という資産を購入することは大変難しくなります。国民の血肉ともいえる税金が適正に使われることを望んで止みません。

私は特に現在の日本において「持ち家制度」を推進しています。人と人との繋がりはまず家庭の中から始まると考えるからです。家庭の団欒の中で子どもを教育し、近隣とのコミュニケーションが街を活性化させると考えるのです。

これは古く日本の社会に存在したいいところです。「向こう三軒両隣」といわれるように、近隣がお互い助け合って町内を活性化させるというやり方です。朝夕の挨拶から公道の掃除など、人としての基本的な姿で暮らしていたのです。時には他人の子どもを叱り、年長者に学び、お年寄りを尊ぶということが自然に生活に溶け込んでいたのです。

現在の日本では個人のプライバシーが尊重され、これを封建的だと捉える風潮もありますが、日本人としての道徳を育む素晴らしいコミュニケーションだと考えるのです。人間としての道徳を形成するのはまず家庭内の教育だと思います。その基本が家族のコミュニケーションであり、家にあるのです。自分の城である家を持つ誇らしい気持ちと、充実感をぜひ皆さんに味わっていただきたいと願うのです。しかし、国が定めたさまざまな法律によって

「持ち家」はある程度収入のある中高年にしか望めない買い物だというのが現状です。現在のような低迷の続く経済情勢の中では、収入の少ない若者たちはいくら一生懸命頑張って働いたとしても、自分の家を購入するということは望めないのです。

それでも無理を重ねて自分の城を持つことができたところで、今度は税金に追われ、資産価値も危ういとなると、近い将来にはアメリカのように賃貸住宅や賃貸マンションで一生を過ごす人も増えていくでしょう。決して賃貸住宅や賃貸マンションが悪いということではありません。しかし、私自身、若い頃に、無理をして住宅を購入し、のちに資産価値は低くなりましたが、初めて一国一城の主人となった時の誇らしい気持ちは忘れられないのです。

また広島から出てきた私にとって知り合いのいない都会生活の中で、家を持つことで生まれた近隣とのコミュニケーションは、生活に潤いをもたらすのに十分な安らぎとなったのです。その経験を今の若い世代の人たちにも、ぜひ感じてもらいたいと常に思っているのです。

「一生懸命仕事をし、世間に認められる成果をあげて収入も増やし、自分の家を買うんだ」と昔の人は望んだものです。それを現代の若い人たちも、夢見られるような社会をつくるために国は努力すべきだと考えます。それは単に住宅ローンの金利を低くすることや、幅広い助成金制度をつくるということにかぎりません。不動産価値や建築における矛盾点をなくし、将来において安心して自分の城で暮らせるような社会づくりをすべきだと考えるのです。

第四章

家づくり夢づくり

働く母の姿と腕白少年「三田弘恵」

私は人さまとは少々違う人生を歩みながら、現在ささやかではありますが、不動産、建築関係の事業を営んでいます。まだまだ若輩にもかかわらず、今日順調に事業を営むことができるのは、私を取り巻くすべての人たちのおかげだと日々感謝しております。

私を叱咤激励してくださった大先輩たち、真心でお付き合いいただいたクライアントの方々、私の心根を理解し、一生懸命働いてくれるスタッフとの出会いが今日の私、および私の会社を築いたのだと思っております。今後の人生においても心ある人との出会いが私を励まし、奮い立たせ、支え続けてくれることでしょう、もちろん愛する家族が心の拠りどころとなっているのはいうまでもありません。

中でも私にとって欠かすことのできないのは、人生最初となる母との出会いだといえるでしょう。

一九六六年五月六日、私が広島県呉市で産声をあげた時、母はＩＨＩ（石川島播磨重工業）の指定旅館を営んでいました。家庭環境は少々複雑で、戸籍上では姉となるのが生みの親であり、現在母と呼んでいるのは育ての親、要するに祖母にあたります。

姉が十九歳の時、父が病気で急死し、その後妊娠三ヵ月の私を身ごもっているのが分かったのです。女性が一人で子どもを養うのはまだまだ厳しい時代、周囲は出産をあきらめさせようともしましたが、母は断固反対したそうです。

「せっかく神さまから授かった大切な命なのだから、安心して生みなさい。この子は将来必ず人の役に立つ人間になるはずです。私が私の子どもとして責任を持って育てます」

と養子縁組をし、生みの母は戸籍上では姉となり、祖母を母として育ってきました。

名前の由来は信心深い母が将来お坊さんにさせようと思い、そのまま名前が使えるようにということで弘恵〈こうけい〉とつけてくれました。当時は性別判断などできない時代でしたが、なぜか母は生まれる前から男の子に違いないと確信を持っていたようです。万が一女の子が生まれれば読みを〈ひろえ〉とするように考えていたそうです。

そういう特殊な境遇でありながらも母の愛情に育まれ、すくすくと育った私は小学校の低学年で地域のソフトボールチームに入り、高学年にもなると他チームとの試合でも活躍するようになりました。この頃は「将来は必ずプロ野球選手になるんだ」という男の子ならではの夢を膨らませていました。

私としては、一度でいいから自分の勇姿を大好きな母に見てもらいたいという気持ちはあるのですが、忙しい母の姿を見ている私には、父兄の応援に励まされる友達を羨みながらも、それを口には出せませんでした。

普段の日は近所の友達と一日中遊んでいるのですが、夏休みやお正月など、いつも遊んでいる友達が家族旅行へ出かけてしまうと少し寂しい思いをしました。人さまの休日が、反対に旅館業では一番忙しい時期にあたるので、今思えば母と旅行に出かけた思い出はありません。

旅館業というのは現金商売であり、流行《はや》れば必ず利益はあがりますが、一日二四時間、一年三六五日、それこそ生活のすべての時間が仕事だといっても過言ではありません。毎日休む間もなく自分の生活などあってないようなもの、早朝から深夜まで働きづめに働くのです。

お客さまへの心からのサービスを提供するために、食事や清掃、交通の手配から顧客管理まで、すべてを一人で賄いながら愚痴一ついわず働く母の姿を子ども心に尊敬していました。母も私が一人前になるまでは元気で頑張ろうと思ってくれていたのでしょう。

一生懸命サービスに徹する母の旅館は評判がよく、ますます忙しくなっていったようです。そんな中でふとんの上げ下ろしなど、子どもの私にできる仕事を手伝いながら一日の出来事を母に聞いてもらったものです。今思えば折にふれ母の働く姿を見て育った私には、幼い頃から毎日の生活の中で、自然に商売というものへの根本を教育されていたのかも知れません。

中学校に入ると可愛がってくれた先輩の勧めもあり、バレーボール部に入りました。私の学校は広島県では結構強く、一年上の先輩の時代には全国大会にまで出場したほどです。三年生になった時には主将を任され、団体競技を通じて仲間の大切さを知った私は、日夜厳しい練習に明け暮れ、それまでにも増してのめり込んでいきました。

高校に入ってもしばらくはバレーボールを続けていましたが、この頃から遊ぶ楽しさを覚え、いつしかバレーボールに対する情熱もなくなってしまったので、約半年くらいで退部してしまいました。

けんかが育てた友情、青春時代

幼い頃から身体を動かすことが大好きで、いつも何らかのスポーツをしてきた私ですから、バレーボールを辞めると青春期のあり余るエネルギーを吐き出すものがなくなります。そこでその情熱のはけ口として、けんかに明け暮れる毎日を過ごしました。

とにかく体格がよく腕っぷしの強い私は、いつしか暗黙のうちに校内を仕切り、市内では有名になっていました。父がいないというコンプレックスからか人一倍負けず嫌いで、あとに引けない性格の私のこと、売られたけんかに負けることはなく、次第に「三田という強いやつがいる」と評判になってしまったのです。

男同士のけんかというのは本気で殴り合いますが、若い頃のこと、特別な理由があるわけではなく、勝負が決まったあとには恨みを残さず、本気で戦った者同士にだけが分かち合える一種の結束のようなものができるものです。私も例にもれず、けんかがきっかけで友達になり、その友達が誰かに負けたと聞けば黙ってはおれず、先頭を切ってその仕返しにいく、そしてまた友達になるという具合で友達の輪が広がっていきました。私にとってはけんかこそが青春を謳歌できる手段だったのです。

当然母の心配はいうまでもなく、母から見れば人さまに迷惑をかけているだけにしか見えない私の行動を憂い、このままでは私の将来はないと思っていたようです。人さまのためになるようにと私の名を「弘恵《こうけい》」と名づけたくらい信心深い母でもあり、「お坊さんになりなさい」と毎日のようにいわれていました。その言葉通り物心がつくか、つかないかというくらい幼い頃から仏壇の前で正座をさせられ、母について三〇分、一時間とお経をあげていました。もちろんお経の意味など分かりません。ただそれは日課であり一日の始まる儀式のようなもので毎日同じことを繰り返していると、真似事ではありますが自然と覚えるものです。

しかし、この正座だけはどうしても耐えられず、足を崩すと叱られるので、どうにか母に見つからないように崩そうとするのですが、必ず見つかってしまいます。前に座っている母になぜ見えるのか不思議でしたが、長時間の正座ですから、途中からお経などうわの空で、どうして母の目を盗もうかとそればかりを考えていました。

今考えれば、母はお経を覚えさせることよりも、やんちゃで少しもじっとしていない私に、将来人さまのためになる人間になるように、一日のうち一時間でも大人しくさせようとしていたのかもしれません。

普通なら、当然母が一人で守ってきた旅館を一人息子である私に継がせるものと思うでしょう。が、旅館業の辛さは母が身を持って経験し、その辛さを私には経験させたくないという思いがあったようでした。しかし私にはそんな母の思いなど少しも分からず、その深い意味を考える以前に「お坊さん＝正座」という具合で、嫌で嫌で仕方なかったのです。

幸い他の悪いことに興味がなく、ただ強さを誇示するために長い学らんを着て、男同士の友情を確かめ合う（要するにけんかのことですが）硬派の不良ということだったので、警察にお世話になることはなかったのですが、学校内では先生に目をつけられ、とうとう自主退学を勧められてしまったのです。私自身は勉強は嫌いでしたが、学校は好きで友達と別れるのが辛く、できれば辞めたくはなかったのですが仕方なく退学しました。高校中退です。

ここで初めて「さてこれからどうしようか」と、私にとっては生まれて初めて自分の将来を考えたのです。もちろん私はいずれ旅館をやっていこうと思っていましたが経営難でもあり、母が守ってきた旅館を閉めざるをえなかったのです。じゃあお坊さんになれといわれても、その修行を想像するだけで私には耐えられそうもなく、絶対嫌だと思っていたのです。

家出はしょっぱいあんパンの味

二週間ほど何をしようかと考えたのですが、広島の田舎で育った人間なので都会への憧れが強く、いつしか都会で生活をしてみたいと思うようになりました。まず私にとっての都会とは東京だったので、とにかく東京へいこうと考えました。

しかし当時十七歳の私がそんなことをいっても誰も賛成してくれないことは分かっていましたから、黙って家出をしようと思いました。が、そんな息子の決心を母が見逃すわけがなく、玄関を出ようとした時に案の定、見つかってしまったのです。

当然母は泣きながら止めました。これまで親子でゆっくりと話す機会はなかったので、この時初めて母の思いを知り、私が思っている以上の私に対する大きな愛情を感じることができました。母の思いに私もまた感動しましたが、意志は変わらずとことん話し合った結果、「それほどいうのならば自分の思うようにやってみなさい。あなたは一度決心すれば私が止めても聞かないでしょう。それなら大阪へいきなさい。東京は田舎育ちのあなたには冷たいところだから辞めなさい。同じ都会でも大阪は人情味がある。大阪でも特に下町は人情味があって人も優しい。大阪なら私も安心できるから。ただしそこまで決心したからには中途半端で帰ってくることは許しませんよ」

と大阪行きを勧めたのです。

そして最終的には私の気持ちを理解してくれ、快く送り出してくれたのです。ただ母から見れば東京はあまりにも遠すぎて、息子が自分の手の届かないところにいくという不安があったのでしょう。また母は昔、大阪の人に随分お世話になったようで、ことあるごとに大阪の話を聞かされていました。きっと苦労していた頃に親切にされた大阪への思いが強く、まだ若く右も左も分からない田舎者の私にも、大阪の人ならきっと親切にしてくれると思い込んでいたのでしょう。

「都会へいきたいのなら大阪へ」という願いを聞き入れ、大阪への家出を決めたのです。この時にはせめて「大阪へ」という母の願いだけは聞こうと思っただけですが、今考えるとこの母の願いを聞き入れたおかげで、現在にいたるまでのあらゆる局面で人のご縁に助けられたのです。

憧れの都会へ旅立つ期待と興奮で、一睡もできずに迎えた次の朝、ただ「じゃあ、いってくる」と家を出ていく私に、母もまた「ああ、いってらっしゃい」と素っ気なく答えたのですが、さあ電車に乗ろうとした時ホームに母の姿があったのです。そして電車が発車する真際に私に一つの包みを渡しました。

「身体にだけは気をつけて。人さまに迷惑をかけるんじゃあないよ」

とだけいう母の姿を今も忘れることはできません。

電車が発車し、その包みを開けると中にはあんパンとコーヒー牛乳。お金や手紙など入っていない分だけ、そのあんパンに託した母の思いの深さを理解し、こらえてもこらえても出てくる涙とともに、その少ししょっぱいあんパンを嚙みしめました。

今でもあんパンは私の大好物で、口にするたびにこの時の母の気持ちと、少ししょっぱいあんパンの味を思い出し、「母が悲しむ人間だけにはなるまい」と改めて思い直すのです。

成功するまでは帰らない

母に送られ、都会の生活に夢を膨らませて新大阪の駅に着いた時は、まず自分が思い描いていた以上の大都会の喧噪に驚いたものです。

まずは住むところを探そうと、駅から一番近くの不動産会社に飛び込みました。広島を出る前にしばらく働いていた喫茶店のアルバイト代は電車賃に変わり、もうあとわずかしか蓄えも残っていません。

そこで家出少年であること、今の経済状態、寝ることさえできればぜいたくはいわないということを正直に話すと、親身になって考えてくれ家賃五〇〇〇円のアパートを斡旋してくれました。新大阪の十八条、地下鉄御堂筋線東三国駅。ここで私の第二の人生が始まったのです。

当時のこととはいえ家賃五〇〇〇円といえば破格の値段であり、その例にもれず風呂なし、共同便所は当たり前、ゴキブリなどいくら殺虫剤をまいても効果なし、よく住む人がいるものだというくらいのボロアパートでした。神経質なほどきれい好きな母の、掃除のいき届いた旅館に育った私には考えられないほどの部屋です。お金もなく、ぜいたくはいえないとはいえ、ここで初めて都会暮しの厳しさを実感したのです。

住むところが決まれば、次は働くところを探さなくてはなりません。まずアルバイトでお金を貯めようと喫茶店を探しました。喫茶店は広島でも経験があり、これならできると考えたのです。また喫茶店で一日通して働けば、無駄使いをしなくてもよいということ、また朝昼晩のまかないが出るので食費が浮くということも考えてのことです。

三食付きでおまけにアルバイト料も貰える、一石二鳥というわけです。マスターも可愛がってくれ、余った材料など持ち帰らせてくれました。食べ盛りの私にはこれがありがたく、おかげで何とか食べることだけはできたのです。

とはいえ広島での生活とはあまりにも違う生活環境の中で、おまけに友達もまだできず一週間目くらいでいわゆるホームシックにかかったのです。しかし大阪で何かに成功するまでは帰らないと母に約束して出てきたので母には連絡できず、広島でのアルバイト先のマスターに電話したのです。マスターというのは若い頃やんちゃだったらしく、私の心を理解して可愛がってくれ、私もまた兄のように慕っていた人です。

もちろん寂しいなどとはおくびにも出さず、何げなさを装って電話したのですが、私の気性をすべてお見通しの彼は「どうした、弘恵。そろそろホームシックにかかったのか。帰りたくなったのならいつでも帰ってこいよ。意地を張るなよ」といってくれたのです。思わず涙が出そうになったのですが、「そんなわけないじゃないか。マスターこそ俺がいなくて寂しいんだろう」といい返していました。もちろんマスターの思いやりは嬉しかったのですが、「成功するまでは帰らないぞ」と改めて決心したのです。

ボロアパート生活に四苦八苦

この頃は友達もいないし、まだ土地感もなく、出かけたくても電車に乗るだけでお金がかかるので家にいることが多く、毎日のように自炊をしていました。将来のために自動車免許を取っておこうとアルバイトの合間に教習所へ通っていたので、アルバイト代は家賃と教習所代でほとんど消えてなくなるのです。

とにかく育ち盛りの私はじっと家にいてもお腹だけは空かしており、いくらアルバイト先で朝昼晩は食べられるといっても、夜になるとまたお腹が空くのを我慢できず、スーパーでできあいのものを買ってきて食べていましたが、これも毎日のこととなると結構お金がかかることに気づきました。

そんなある日、広島の喫茶店のマスターに電話をして数日、慣れない都会での生活に疲れ果て、バイト先から帰ってくると、一つの包みが届いていました。急いで中を開けると、当時私が一番好きでよく食べていたカップラーメンが山ほど入っていたのです。一緒に添えられた封筒の中には「がんばれよ」とひと言、マスターの字で書かれてあります。

待っている人のいないアパートで、誰も頼る人のいない私にとっては、思いがけないプレゼントです。マスターの深い愛情に心から感謝しつつ、自然に流れてくる涙とともに、一杯のカップラーメンをゆっくりと噛みしめながら食べました。残りの分も大事に大事に日を決めて食べたものです。

しかし、そのカップラーメンもなくなってしまうとこれではいけないと思い、まずリサイクルショップで一〇〇〇円くらいの炊飯ジャーとフライパンを買ってきて自炊を始めたのです。といっても料理などしたこともない私ですから、レパートリーといえば、卵を一パック買えば、卵焼き、目玉焼き、スクランブルエッグと卵料理のオンパレード。またハムとキャベツの焼そば、焼飯など、簡単で安く、しかもお腹がいっぱいになるものを工夫しながらつくったものです。

冷蔵庫がなかったので腐りやすい肉はハムやベーコンで代用し、買ってきた材料が腐らないうちに食べきらなくてはなりません。少ない材料でいかにおいしく食べられるかが、この頃の私の料理の課題でもあったのです。

しかしこういう炒めものばかりを食べていると、煮物やおひたし、また鍋物などを欲します。特に体調が悪い時などは自分でつくるのがおっくうで、おふくろの味が恋しくなったものです。また料理だけでなく、掃除から洗濯までをすべて自分でしてみて初めて、忙しい母がいかに私の面倒を見てくれたのかを知り、母のありがたさを実感していました。

そんなふうに時々母を思い出しながらも、料理の腕は着実にあがっていき、今でもこの卵料理とハム焼そばは私の得意料理で、時々つくってはこの頃の貧乏生活を懐かしんでいます。

広島というのはコーヒーが高く、市内ではどこでも一杯三五〇円くらいもしたでしょうか。大阪へ出てきてほとんど二五〇円くらいで飲めることに驚きました。広島では食べることに不自由はなく、おまけにおこずかいを貰っていたのでお金というものの価値を知らず、この時初めて一〇〇円の大きさを知ったのです。

と同時に母の仕事の大変さが理解できたように思えました。母は日銭商売とはいえ一日の宿泊料金が素泊まりで三〇〇〇円、一泊二食付きで四五〇〇円をいただくために朝から晩まで働いていたのです。その商売の大変さと、お金のありがたさを実感した時、家出後初めて母に電話をしていました。

「今まで悪かったな」

心配をかけたこれまでのことのお礼も、お詫びもいいたかったのですが、あとは涙で声にならず、これが精いっぱいの感謝の気持ちでした。

母もまた「ああ、そうか」と素っ気ない返事ではあるものの、電話の向こうで声が震えているのです。いいたいことは山ほどあるはずなのに、そんなことは何一ついわず母は母のやり方で、私を理解してくれたんだということが分かりました。でもこの感謝を母に伝えることができたのを区切りに、きちんとした仕事につこうと就職活動を始めたのです。

ここでの一年間が私の原点になっているでしょう。今でも何かトラブルに悩んだ時、新たな事業を始める時など、このアパートを見にいきます。相変わらずのボロアパートですが潰れもせず、私の成長を見守ってくれているような気がして、見るたびに初心に戻り新たな成功を決心できるのです。

やっと見つけた就職先で知る「生の素晴らしさ」

さあこれから本格的な就職活動をと求人誌を買い込み、これはと思う会社に片っ端から電話をかけたのですが、どの会社も電話で簡単な履歴を聞かれ、高校中退と分かると、「残念ですが我が社は高卒以上が条件となっていますので」と面接を受けるまでにも至らず断られました。

まだ見ぬ自分の将来に夢を持ち、「さあ、今から本格的な就職活動だ」と張りきっていた私にとって初めての難関にぶち当たったのです。「どの仕事についたとしても与えられた仕事は精いっぱいしよう」とやる気だけは誰にも負けない自信があったので、私自身を面接する以前に高校中退であるということが就職を阻むということは、世間知らずの私には正直思いもよらないことでした。またそれがたび重なってくると社会の厳しさを知り、ここで初めて高校を卒業しなかったことを後悔するようになりました。

しかし高校中退という学歴は今さらどうしようもなく、もしこれでだめなら一生アルバイトでもいいと腹をくくり、これで最後だと思って電話をかけた会社で初めて「一度訪ねてきなさい」といってくれたのです。

さっそく緊張しながら出かけると、社長自ら面接をしてくれ簡単な事業内容を説明してくれただけで私のことについては何も聞かず、世間話で終わってしまったのです。まずは採用されないだろうと思っていたのですが、翌日採用の電話があったのには正直驚きました。

その会社は産婦人科関係の出版物をつくっている会社です。お子さんがいらっしゃる方はご存じかと思われますが、出産後産婦人科から母子手帳や育児日記帳、育児アルバムなどを出産祝いとしてプレゼントされます。それら一式を出版しているのです。

まずは配送係としてできあがった出版物を届ける仕事につき、病院のある場所を覚えさせられました。一年ほど経つと営業にコンバートされ、近畿地方を中心にほぼ全国各地を駆け回るという日々が続きました。

最初は私自身まだ若く、赤ちゃんにも縁がなく、授乳をしている妊婦さんの姿を目の当たりにすると恥ずかしかったのですが、そのうちに赤児を身ごもる妊婦さんの輝く美しさ、病気にかかった子どもを心配する母親の姿に感動し、生の素晴らしさ、誕生の喜びを肌で感じられるようになっていました。またその母親たちの姿を通じて、私の母が私を育てる時の苦労を思い、母の愛情を感じたものです。

そしてまた「誕生の瞬間」を祝うという仕事に携わることが誇らしく、誠心誠意で営業に出かけました。この本が心から素晴らしいと思い込んでいたので、営業も半端ではありません。先生や看護婦長、また掃除のおばさんにまで熱心に説明をするので、最初はよい返事をもらえないところでもいつしか「君がそこまでいうのなら、一度置いてみましょう」といってもらえるようになりました。

営業活動の孤独とつかの間の安らぎ

営業の仕事は好きでしたが、一回出張へ出ると約二週間以上は他府県を回ります。当然知り合いがいるわけではなく、仕事以外では話相手もいないという毎日が続きます。右も左も分からない土地で、道に迷いながら営業先に辿りつき、おまけにその日の宿泊先も探さなければなりません。

それは仕事とは別の部分での孤独な作業であり、元来話好きの私には辛く、ホテルで一人寂しく晩ご飯を食べるのが嫌で、小さくてもよいからできるだけ旅館や民宿に泊まるようになりました。

小さな旅館であれば、ご主人やおかみさんが夜遅く一人晩ご飯を食べる私の話相手になってくれ、さりげない心づかいを見せてくれます。故郷を離れ、おまけに知らない土地にきて昼間精力的に駆け回り、疲れきった身体も心も安らいだものです。母もまたこのようにお客さまひとりひとりに心を配り、愛情を持って接していたんだなあと感じ入るのでした。

全国各地の病院を巡りながら気づいたことは、患者さんにも院内の職員や私たち取引先の人間にも、同じ態度で丁寧に接してくれる先生のいる病院は患者さんも多く、活気づいているということです。もちろん病院の設備や先生の技術もあるのでしょうが、誰に対しても丁寧な応対ができる人は信頼されるということでしょう。

特に出産、育児にかかわるすべての母親はデリケートな精神状態であるはずなので、それが顕著に表れるのでしょう。反対に身内や業者関係に横柄な態度で接する先生のところは不思議なくらい活気がありません。これを商売に例えれば人との接し方や、真心のサービスいかんで流行る業態ができるということを勉強しました。

営業という仕事の楽しさを覚えた私はみるみる成績をあげ、一年も経つと社内の営業売上ナンバーワンになっていました。

ある時社長に呼び出され「三田君、君はよく頑張ってくれている。一年でこの成績をあげたのは我が社始まって以来だよ。まあ他から見れば一番年齢の若い君が一番の給料を貰っているのが気にくわない輩もいるだろうが、それは君の努力のおかげなのだから、何かいわれても気にせず、これからも頑張ってくれよ」といわれました。

いくら営業成績がいいといっても勤続年数の長い他の社員から見れば納得がいかず、社長にクレームがあったらしいのですが、給料は固定歩合性であり、売り上げをあげれば給料は当然多く貰えるはずなので、私としてはいっこうに気にしませんでした。

それより、いい機会なので入社時から気になっていたことを、「面接の時、どうして何も聞かず世間話をしただけで私を採用したのですか」と思いきって尋ねてみました。すると社長は「それは君が広島出身だからだよ。実は私も広島出身でね。長く故郷を離れているので君の方言が懐かしく、いろいろと広島のことを聞いてみたかったんだ。採用は会った瞬間に君の目の力の強さを見て決めていた。経歴などは履歴書を見れば書いてある。そんなことより久しぶりに同郷の人間と話ができたことがうれしかったよ」といってくれました。

運命のいたずらか、広島を離れ都会へ出てきたものの夢破れ、一生をアルバイトで過ごそうと決心しかけた私が、首の皮一枚で助けられたのは生まれ故郷の広島が幸いしたということだったのです。

学歴社会が培ったハングリー精神

当時はすでに学歴重視の社会であり、高校中退の私が就職できたことは稀なことでもあったのです。幸い私の場合はこの社長の恩情で、何とか職につくことができ、その後、一生懸命働いた結果が報酬となりうることができたわけです。しかし、現在ではますます学歴を重視した社会ができあがり、一流企業に入るには、まず一流大学を出ていることが条件となっています。

その前の段階で、家庭の事情や精神的な弱さのために、学業をリタイアしてしまった人たちを受け入れるフィールドがないこと、人生の一時期で世間一般の人と違った道を選んでしまった人たちが軌道修正しようと思っても、一度張られたレッテルが、一生つきまとうことに疑問を感じずにはいられません。

もちろん一流大学に入学し、そこで将来のために一生懸命勉学に励み、自分を磨くことができるのならそれはいいことでしょう。しかしその人の人格や能力とは別の次元で、大学を卒業していること、少なくとも高校を卒業していることが条件であるという社会は近い将来、実力重視の社会に移り変わっていくでしょう。

学歴社会が反面教師となり、私を発奮させ、人より以上の努力とハングリー精神を培ったのも、この時幸せなことに、学歴に関係なく採用していただいたおかげです。私の目を見て採用してくれた社長の恩義に報いるためにも、「この人を裏切るまい」とそれまで以上に一生懸命仕事に励みました。しかしここで就職先が見つからなければ、落ちこぼれとして一生を過ごしていたのかもしれません。

現在では若輩ながら人を使う立場となった私も、もちろん人を学歴で判断することは決してありません。学歴だけが人を判断する材料ではないことを身を持って経験しているからです。人を判断するのは、その人自身の生き方であり、情熱や心根というものです。おかげで私の周りの人たちも同じ心を持った人が集まり、精神的に強く繋がっていることを実感できます。社会もまたそういう形態をつくりあげるべきであると強く感じるのです。

自分の城を持つ喜びと不動産業界への芽生え

営業の仕事を覚え、ある程度の貯蓄ができる頃になると、一人広島で暮らす母を大阪へ呼び寄せようと願うようになり、まずその最初の段階として、小さくてもいいから自分の家を持ちたいと思いました。

母は当時七一歳。心許せる大阪の地で、安心して老後を過ごして欲しいと思い、できればもっと大きな家が買いたかったのですが、若い頃の無理が祟ったのか母は癌に侵され、四度の手術、また白内障も同時に患ったのです。そんな母を一人広島へ置いておくことはできず、早く呼び寄せるために、一刻も早く家を買いたかったのです。

そして偶然見つけた大阪の住吉区杉本町に十二坪三層の家を購入しました。四一八〇万円という二一歳の私にとっては生まれて初めての思いきった大きな買い物でしたが、ここを自分の根城として、より一層仕事を頑張ろうと思ったのです。見た瞬間「ここなら母も喜ぶだろう」と気に入り、どうしても欲しくなったのです。

あとで考えると不動産のことなど何の知識もない私には、ただこの家を欲しいばかりに不動産屋のいいなりだったようです。騙されたとはいいませんが、この家を売却する時になって、初めて分かったことがいくつかあったのです。

あきらかに購入時の不動産会社の説明不足に怒りを覚えました。特に違う業界ではあれど、営業をしている私としては、当然お客さまより売る側の方が商品に対する知識があるはずなのだから、たとえデメリットに繋がるとしてもきちんと誠意を持って説明するべきだと考えます。「私なら商品についての知識を持たない私のようなお客さまにこそ、真心を込めていい物件を探すのになあ」と思ったのです。

長所ばかりをくり返し、短所を覆い隠すというやり方は納得できません。特に住居ともなれば、そこがお客さまにとっては生活の場であり、決して安い買い物でもありません。気に入らないから買い替えるというような商品ではないのです。営業する側は売却して仲介料が入ればそれでよいという考え方ではなく、お客さまと同じ目線で、いかにお客さまの要望にお応えできるかということを考え、誠意を持って営業をするべきではないでしょうか。

しかし一方では、この最初の家を買った時に不動産業を通じて政治への芽生えができたといえるかもしれません。ちょうどこの時期に何かのニュースで、不動産を相続する際には多額の相続税を支払う義務があり、その税金が支払えず、せっかく購入された不動産も維持できないという状況に陥るということを耳にしました。それが三代も続けば、ほとんどが手放さざるをえないというシステムになっているということです。

不動産の多くは親からその子孫へと相続されることが多いはずです。しかし、これではせっかく親が子どもや孫へと残しておいたものを、みすみすなくさなければならないということになりかねません。

では一体その不動産は誰のものになるのかというと、結局は国のものになるということが納得できず、税法のからくりに疑問を感じました。そしてまずは不動産業界の勉強をしようと思い始め、お世話になった会社を退社する決心をしていました。

家の構造には問題がありながらも、初めて自分の城を持ったという喜びと、このあたりにはまだ昨今のような「隣は何をする人ぞ」という殺風景な環境ではなく、ご近所との交流もあったので、これまでの生活とは一変し、落ち着いた日々を過ごしていました。

親しくするご近所の方々も少しづつ増えてきた時に、偶然知り合ったある土建会社の社長が私を見初めてくれ、「うちの会社へこい」と声をかけていただいたのです。またどういうわけで私を見込んでくれたのか、二一歳という若さで専務取締役になって欲しいということだったのです。

今は土建業をしているけれど一年後には不動産部をつくるということなので、これもご縁だとその会社への就職を決めました。将来不動産業につきたいと思い始めていた私にとって、建築の基礎を学んでおくということは願ってもないことです。その待遇に戸惑いながらも入社させていただくことにしました。

がむしゃらに走り続けた修業時代

社長とのご縁とはいえ、二一歳という若さで入社早々専務取締役という待遇なのですから、これは死ぬほど働いて結果を出さなければ誰もついてきてくれないと思い、がむしゃらに働きました。

もちろん何の知識もない業界ですから、昼間は実践の勉強とばかりに営業へ、夜中は現場で建築の細かな部分を勉強し、帰宅後は夜を徹して専門書を読みふける、そして二時間ほど仮眠をとってはまた翌日の営業という具合で、夜も昼もなく駆け回りました。

この会社は民間の下請け業者ではなく、主に行政関係との取り引きをしていたので、複雑な問題が絡むことも多く、知識のない私には理解できないことが多かったのですが、社長が「君の思う方法で仕事を進めなさい。失敗しても私が責任をとってやる」といってくれたので、私もそれならばと自分の知り得るかぎりの知識と、熱意で仕事を進めるのですが、当然当時の私の知識は拙いもの、熱意だけではどうにもならず、時にはトラブルに巻き込まれることもあります。

負けず嫌いの私ですから、自分のミスを報告するのは何よりも嫌なことでもあり、私を信じて任せてくれた社長の気持ちに対しても申し訳ないと思いつつ、そのままにしておいては会社に迷惑がかかります。

仕方なく報告にいけば、「子どもじゃあないんだから、それくらいのトラブルは自分で責任を持って処理してきなさい」といわれるのです。それは話が違うじゃあないかと思いつつも、それじゃあ何とか自分で解決しようと、必死になって交渉相手と掛け合い、納得できるまであとには引かない性格が幸いしてか、最終的には気に入られ、認めていただくという形ですべて解決していたのです。

ここで起こるトラブルというのは高校時代のけんかとは随分違います。腕っぷしが強い、弱いという単純な問題ではなく、生活のかかった死活問題であり、それこそ命がけの取り引きなのです。以前の会社とは一八〇度違う荒っぽい世界であり、さまざまな人たちがうごめきあい、私のそれまでの人生経験では想像もできない世界でした。

仕事を成功させるためにはいつでも「腹を切る」という人も多く、まるで映画の中に何も知らない自分が突然入り込み、台詞も覚えていないのに演技をさせられているようでした。

しかし、取引先の人たちの経験に私はかなうわけがなく、怯んでいては前に進まないので私は私にできるやり方で、正直に、真正面からぶつかっていったのです。もちろん殴り合いこそしませんが、それこそ自分の気持ちを分かって欲しいがために、大先輩に向かって大きな声を張りあげることもありましたが、腹を割ってとことん正直に話し合えば、理解し合えるんだということが分かりました。

建築業界という気の荒い人もいる業界の中で、いろんなところで叩かれ、「三田は生意気だ」という烙印も押されましたが、知識のない私にできることは駆け引きなどせずに真っ正直に相手と接することであり、熱意だけは誰にも負けないという信念で対応しているうちに、私の気持ちを理解してくれ、トラブルを起こした人たちがのちには「三田君を信じてやろう」と結構可愛がっていただけるようになりました。

高校時代とは形は違えど揉めた人ほどあとには信頼関係ができ、未だにお付き合いいただいている方も大勢いることに感謝しています。

最初は何も知らない私にすべてを任せる社長のやり方の無謀さに反発も覚えましたが、ここでの約一年間の経験が、現在の私にとっては一〇年にも値する勉強をさせていただいたと思います。一社員でありながら担当した仕事のすべてを任され、何とか対処できたという経験や体験は、決して机の上ではできない修業となったのでしょう。

経営者となった今、自分や自分の会社に起き得るさまざまな事柄に対して躊躇なく対処し決断できるのは、この頃の修業が知らず知らず身に付いていたことを感じます。

　この土建会社で建築の基礎の部分を駆け足で勉強したのち、次は不動産会社で不動産の勉強をしようと思いました。一年が過ぎ、最初の約束である不動産部はいつできるのか尋ねると、諸事情によりまだまだ先のことだということだったので、残念ながら退職し、他の不動産会社へ就職することに決めました。

　不動産会社への就職を願っていた頃、これもまた、たまたま知り合った方が不動産会社を経営されているということだったので、「私を雇ってくれませんか」と思いきってお願いしてみると、「いつでもきなさい」と快く受け入れてくれたのです。

　ここでは不動産業を一から勉強しなくてはならず、もちろん今度は平社員からのスタートです。しかしこの社長もまたなぜか私には「君の好きなようにやりなさい。トラブルが起きれば私が責任をとってやるから」と前の社長と同じことをいってくれます。今度こそはとまた突っ走り、ここでもまた「それくらいのことは自分で片づけなさい」です。同じようにトラブルは自分で解決していました。

　ここでも約一年くらいの間、いい経験をさせていただいたのですが、他の不動産会社での経験も積んでおきたいと思っていた折に、社長の親戚の方が経営している不動産会社へ紹介していただき、転職したのです。

立田課長に学んだ営業の基礎

そして次の会社では、上司に恵まれたことが私にとっては大きな収穫でした。立田課長といって、厳しい方でしたが公私ともに私の面倒をよく見てくれ、大変お世話になりました。この方のおかげで不動産業界の仕組みや、営業という仕事の意義を教えられたといっても過言ではありません。

不動産というのは金額が半端な額ではないので、営業をしてもなかなか決まりにくいものです。この業界では一〇件のうち一件でも決まれば儲けものだと考えられているのですが、立田課長の考えはまったく逆と思えるものでした。

「営業とは仕事を決定するためにあるもので、一〇〇%の確率で取り引きをしなければ意味はないんだ。不動産業とは、まず営業に始まり営業があとのフォローまでしなければならない。もちろんお客さまの利益を第一にお客さまに納得していただくまで説得し、取り引きが成立したあと、お客さまの満足する顔を見られることが喜びであり、それが営業という仕事の醍醐味であり意義でもあるんだ」ということを、ことあるごとに指導されました。

また「もし、今月の売り上げがなければ会社は運営できない。潰れてしまうことにもなるんだ。それこそ断られたといって平気では帰れないだろう。いつもその気持ちで営業してみろ。その熱意は必ずお客さまに通じるはずなんだ」と教えてくれたのです。これは経営者となった今でも、いや今だからこそ身にしみて理解できます。

さらに「人と同じ時間に営業をしてもだめだ。家というのは家族が住むものだ。その家族が揃う時間は晩飯時なんだ。その時間は食事をすると同時に唯一くつろぎの時間でもある。その場を訪問し、その和の中に入ってこそ本物の営業ができるんだ。その時間帯というのは皆が揃い、決定も早い」と教えられました。

二一時の訪問、二三時の訪問といっていたのですが、夜の営業が効果的だとおっしゃるのです。理屈では理解できるものの、いくらなんでも食事時や深夜にあまり面識のない人を尋ねるということに躊躇している私のお尻を叩き、何も口は出さないけれど一緒についていってくれました。

彼の担当のお客さまの訪問にも一緒に連れていってくれました。しかし、それは営業というよりは親戚の家にでも訪れるような気軽な調子で、お茶のおかわりを所望するなど、することなすことに面喰らったものです。そのずうずうしさにハラハラ、ドキドキしましたが、お客さまが決して不快な思いをしていらっしゃらないのです。

またそれでいてきちんと仕事になり、商談もまとめてしまうので私から見れば考えられないことなのですが、その営業の仕方を側で見ていつしか私も身に付いていたのです。

彼の営業は自分の勧める物件がいかにいいものかということを、口がすっぱくなるほど説明するかと思えば、反対にその物件のマイナス面を臆面もなくいい出すのです。不動産というのは普通の買い物とは違い、さまざまな条件を加味したうえで、それでも買いたいと思ってこそ、あとあといい買い物ができたと思えるものです。

最初から分かっているマイナス面を隠していい話ばかりを信じて買ってしまえば、あとで後悔することになります。そんなことにならないように立田課長の営業方針は、最初から正直に、本音で交渉し、お客さまが買う物件のすべてを理解してもらい、それでもなおかつ欲しいと思って買ってもらうことが、一番お客さまのためになるという考えなのです。

このように厳しいけれど私を心から応援し、見守ってくれたのもこの方です。取り引きが成功すると誰よりも喜んでくれ、私にとっても課長の喜ぶ顔を見たくてまた頑張るという毎日が続きました。その内に「私は自分の知るかぎりの知識はお前に教えたつもりだ。これからは自分なりのやり方で営業を身に付けろ」といってくれたのです。

お客さまとのご縁

立田課長に教えられた食事時の営業も、慣れてくると苦にならず、中にはお客さまの方から一緒に食事をと、いってくれるようになりました。営業の仕事というのは出かけると一日中走り回り、社内にいる時でもお客さまがいつ来社されるか決まっていないので、食事の時間を取れないことが多いのです。だからお客さまの家に呼ばれ食事に誘われると遠慮なくごちそうになりました。

不思議なもので食事をともにすれば心はうち解け、仕事の話だけではなく、世間話を通じてお互いの心を理解し合えるものです。特にひやかしではなく、本当に家を買いたいと思うお客さまほど、家庭での食事に誘ってくれることにも気づきました。

家を買おうかという余裕ができてくるのは、経済的な面を考えると圧倒的に五〇代のお客さまが多く、その方たちの子どもの年齢がちょうど二〇代前半であり、親元から独立する時期になります。子どもを独立させ、夫婦二人きりで少し寂しいと思うところへ同じくらいの年齢の私が足繁く尋ねてくるので、息子のようだと喜んでくれるのです。

その親切に甘えながらも、母もまた離れて暮らす私を思い、寂しがっているんだろうなと思っていました。病気がちの身体でありながら、「まだまだ元気だから」と気丈に一人暮らす母を一刻も早く呼び寄せたいという気持ちが高まるばかりでした。

一人暮らしで自炊する暇もない私の毎日の食生活は味けなく、家庭の味に飢えていた私にとってはどこの家の食事もおいしく、遠慮なくごちそうになるとかえってそれを喜ばれたものです。私も仕事ではありますが大阪に両親ができたようで、その親切に甘えさせていただきました。

中にはお客さまの方から「何してるんだ？　もう食事はすんだのか」とお電話をいただき、まだだと答えると、「それなら食べに寄りなさい」と誘ってくれるお客さまもできてきました。忙しい時間の中でもお客さまのご好意が嬉しく、仕事の途中でお宅に伺い、食事をごちそうになったあと、また仕事に戻るといったことも何度かあります。

そんなつもりはなかったのですが、そういう関係ができあがってくると、お客さまの気に入った物件が見つかれば必ず買っていただけました。仮に私の勧める物件よりもいい物件を見つけても、お客さまの方から連絡をいただき、「〇〇不動産の物件が欲しいのだが、君のところで仲介はできないのか」と私の会社の利益になるように、取り計らってくれることもありました。

もちろんお客さまの喜ばれる顔を見たくて、自分が納得できるいい商品を提供するということが私の信念ですが、決して安売りはせず、あえて適正価格で取り引きさせていただくことをモットーにしていました。そのかわり自分にできるかぎりのサービスに勤め、私の身体が許すかぎり精いっぱいお客さまにご奉仕させていただきました。

お客さまの方でもそれをご理解いただき、親切にしていただいたお客さまは、家を買っていただいたあとも交流があり、相変わらず食事に誘っていただき、ご縁のありがたさを身にしみて感じたものです。

ここでの仕事も三年が経ち、立田課長がふとした時に私を呼び「お前は難しいことを誠意でやってのけた。これは誰にもできることではない。これからもお前はお前のやり方で自信を持ってやっていけよ」といってくれたのです。

私がお客さまと交渉をしている間、知らない顔をして聞きながら、あとで「あそこであんなことをいってはだめだ。お前はまだまだだ」と叱られたり、「今日はなかなかうまかった」と誉めてくれたりと、放っているようでいつも私のことを見守ってくれたのが立田課長です。毎日叱られてばかりいた一番恐く、一番優しい上司にそういわれたことで、一生懸命仕事と格闘しつつも将来への自信を持つまでには至らなかった私に、そろそろ修業時代を終え「自分の城を持つ」という夢が見えてきたのです。

念願の独立、たった二人のスタート

不動産会社での三年間の修業を終え、平成四年十二月十八日、二六歳の時に独立しました。不動産業界に数年間身を寄せてきた私は、「不動産と建築はどちらが欠けていても成り立たない」と身をもって知っていました。不動産で土地や建物の売却の際のノウハウを、建築でその細部の構造や技術をしっかりと認識していなくては、お客さまに喜んでいただける商品は提供できないと考えていました。

いずれ自分が独立する時には、その双方が両立できる会社をつくりたいと思っていたのですが、まず最初は基礎固めをしようと建築からの出発となりました。

独立といっても最初は資金もなく、あまりお金をかけたくなかったので、先輩の申し出に甘えて自宅を間借りさせてもらい、その家で法人登録をさせていただきました。

岸和田市の流木町、そこで私の独立の第一歩を歩み出しました。もちろん人を雇える余裕はなく、経費もかけられないので、とりあえず先輩の奥さまに電話番をお願いし、私は一人営業に出かけました。売り上げがあがった時に成功報酬という形で無理を聞いてもらったのです。そのうち何とか少しずつではありますが売り上げもあがるようになりました。

しかし、大阪市内を中心に営業を行なっていた私には、この地は市内には少し遠く、通勤距離がそのまま時間の無駄になることに気づき始め、一年ほど経つと西田辺の鶴が丘の駅前に事務所を構えました。と同時に事務員さんを一人雇いました。

しかし、事務所の資金を貯えたというわけではなく、その資金はお客さまから契約をとり、工務店に支払いをした残金一八〇万円のお金で、事務所の保証金から家賃、備品までのすべてを賄わなければならず、あとには何も残りません。翌月の支払いの予定などまったく立てていなかったのです。

今考えてみれば随分無謀なことをしたものですが、何はともあれ事務員さんの給料と自分の生活費を確保しなければなりません。来月はどうすればいいのかと、この一ヵ月間はとにかく自分の居城を構えたという晴れやかな気持ちとともに、将来というよりは目の前に迫る資金繰りへの不安、また人を雇うことに対する責任感を身にしみて感じました。

しかし背水の陣でがむしゃらに働いていれば何とかやっていけるものです。数ヵ月で基盤ができると、自分の他にもう一人営業をする人間が必要だと男子社員を一人雇いました。私を含めたった三人のスタートです。

これまでの経験では仕事のすべてを任されていたとはいえ、実際に自分が経営者として支払いをするという立場ではなかったので、期日までにきちんとお支払いするということの大変さを、この時初めて知ったような気がします。

またこれまではただ一生懸命働いていれば、その仕事に見合った給料をいただけましたが、これからは少なくとも、社員の給料と事務所経営にかかる経費は売り上げの大小に拘わらず、必ず支払わなければなりません。自分の給料は生活費を切り詰めるとしても、社員には必ず給料を支払うという義務があるのです。

まだ一定の売り上げ予測などできる状況ではなかったので、毎月これには苦しめられました。この時には前の会社の立田課長が「会社というものはお金があってもなくても期日までに支払わなければならないものは、必ず支払わなければならないんだ」とよくいっていた意味がやっと理解できた気がしました。

素晴らしい出会いがつくった理想の事業形態

誠意と熱意で営業を続けているうちに少しずつ業績もあがり、何とか経営の真似事ができるようになったある時、阿倍野区の方に住むある人と話す機会があり、今の不動産業界、建築業界のことを一生懸命話しました。するとその方は私の話が終わると、「なるほど、君の熱意はよく分かった。しかし君はまだ若い。ましてや大阪出身ではないので、嫌になればいつでも事業を放り投げて広島へ帰ることができるだろう」とおっしゃるのです。なかなか信頼をえにくい業界だとはいえ、心の底から悔しい思いをしました。

「よおし、それならこの阿倍野区に事務所を購入して、私がどこにも逃げ帰らないことを証明してやるんだ」と単純ではありますが固く決心したのです。

そう決心すると間もなく阿倍野区阪南町に理想的な物件を見つけました。見た瞬間心に響くものを感じ、「ここに自分の城を築こう」と思いました。とはいえその物件の相場は八千数百万円。当時は事業を始めてまだ日も浅く、私の会社の規模では銀行からの長期資金の融資は出なかったのです。

それならば直談判だと、その物件の仲介業者に持ち主に直接会わせて欲しいとお願いしたのです。そしてその持ち主である蓮本さんという方に、是が非でも大阪の中心地で信頼される会社を設立したいこと、しかし現在の事業規模では銀行から六〇〇〇万円の借り入れしかできず、現状建っているビルを一棟買いしたいのだが、所得税など諸々の費用を考えれば五五〇〇万円が資金の限界であること、しかしどうしても私に売って欲しいということをすべて正直に話しました。

相場よりも三千数百万円も値引きしてくれと無茶をいっているのですから、いくら私が熱意だけは誰にも負けないといっても、普通なら交渉は成立するはずはありません。しかしそんなことはお構いなく土下座もせんばかりに頼みこんだのです。数時間も話し合ったでしょうか。

「君には負けたよ。ようし売ってやろう。そのかわりここを基盤として将来必ず大物になりなさい。私はそれを楽しみにするとしよう」と承諾してくれたのです。私の飛びあがらんばかりの喜びがお分かりになるでしょうか。とにかく、この蓮本さんのおかげでこの物件が自分の城になるのです。この方のご恩に心から感謝し、もちろん成功をもって恩返しするんだと心に固く誓ったのです。

それから間もなくここに本社を移転し、この地を基盤に必ず成功してやるんだという気持ちで一生懸命仕事をしました。もちろん自分が納得できるいい商品を提供するという信念と適性価格による販売、そして自分にできる限りのサービスに勤め誠意を持って仕事をしていると、世間でも評価をいただけるようになり、何より「三田は信頼できない」と私の負けじ魂に火をつけてくれた方も、それからの付き合いの中で信頼してくれるようになったことと、私の無謀な願いを快く聞き入れてくれた蓮本さんとの約束を果たせたことが、何よりの喜びとなったのです。

この阿倍野区で事業の基盤ができたところで、本来の私の理想とする不動産業を現実にするための事業展開をしていこうと考えました。

これは建築や不動産に知識のない当時の私が、初めて家を買った時に感じたことです。建築というものは一般のお客さまには完成された建築物を見ても、内部の構造や細部に使われている材質まで理解することはまず難しいでしょう。かといってそれを知ろうと思えば、工事現場で着工から完成までをつきっきりで見ていなければなりません。

それが一目で分かるショールームをいつかはつくろうと思っていた頃、堺市の北安井町というところにご縁があったのです。番地は一丁目一番地。何事も一番になるというのが好きな私は、一が並んだ住所にご縁を感じて迷わずショールームをここにつくろうと思い、私の理想とする事業形態ができたのです。

お客さまの喜びを自らの喜びに

不動産業という事業の性格上、企業であれば事業規模、住宅ならば家族関係を調査することになります。これは個人的なことを含みますので、他人には知られたくないことも多くあります。決して興味本意ではなく、他言無用は当然の正義として仕事を進めていく中で、最初はどうしても信頼をいただけない方もいました。

誠心誠意お客さまのご要望にお応えしたい私は、お客さまととことん付き合っているうちに、時には勢い余って大きな声を出してしまうこともありました。

営業活動の中では、人さまには知られたくない複雑な家族構成や資産などのご相談を受けることがあります。例えば先日も家を新築したいというお客さまがご家族でこられたのですが、ご家族が知らないお父さんの借金のためにローンがおりなかったのです。こちらで調べればすぐに分かることなのですが、事情がありそうなのでご家族の前では伏せておきましたが、お父さんはあとでご家族に秘密でご相談にみえられたのです。

そのローンがおりないと知った時のご家族の悲しそうな顔を見ると、何とかしてあげたいと思ったのですが、そのお父さんの行動が許せず、随分大きな声を出してしまいました。その後、お父さんも悔い改められ、ローンのことでぎくしゃくした夫婦関係も、新たな信頼関係を取り戻されたとご連絡をくださり、何よりのことと喜んでおりました。

人生の大先輩でもあり、お仕事をいただいている立場である私に大きな声をあげられ、憤慨されたこともあるでしょうが、最終的に新居が完成した時には「君に頼んでよかった。ありがとう」と私にとっては何より嬉しい言葉をいただきました。

私自身、家が完成したという喜びにも増して、このご家族のわだかまりが溶け、その後はご夫婦も仲睦まじく過ごしておられるのを伺い、この仕事の素晴らしさを実感しました。新築の完成祝いと称してささやかではありますが、ご夫婦を食事に招待させていただきました。その場には私はいかず、最後まで私を信じて任せてくださったお礼と、生意気をいったお詫びも込めた手紙を添えて、お二人でのひとときを楽しんでいただきました。

私としては、いつまでもご夫婦が円満に、またご家族の幸せを願い、せめて私にできることをさせていただいただけなのですが、奥さまから涙声でお礼の電話をいただき、かえって恐縮しました。

その後も、住まいについての相談をことあるごとにしていただけることに喜んでいます。もちろん仕事である以上、商談がまとまれば、それにこしたことはありません。しかし、それは人間としても喜びを持って成立させたいのであり、家を建てたいという欲求から仕事をしているのではないのです。家を持つことで、そこに家族の団欒があり、夫婦が円満に過ごせ、暖かい環境の中で子どもを育むことができること、そしてその空間をつくることが私の事業の在り方だと考えているのです。

よい商品を適正価格で提供すること

私の会社は主に一般ユーザーでも企業でも、元請けという形の取り引きをさせていただきます。お客さまの要望を確実に理解し、喜ばれる商品を提供させていただくためには、直接お客さまと接することのできるこの形態が一番スムーズな方法だと考えるためです。

しかしそうすると事業が大きくなればなるほど、次に頭打ちをするのが会社の規模や創立年数、要するにネームバリューというところです。金額的には私の会社の方が低価格であっても、圧倒的な信頼度を見せつけられてはどうしようもありません。

これまで熱意と誠意による営業の努力によって、信頼を勝ち得てきた私の会社もこの名前の力には、何度か苦渋を嘗めさせられました。

私の会社の製品はよりよいものを適正価格で販売することをモットーにしていますから、どんな大きな会社にも負けない自信と確信があります。しかしお客さま、というよりは社会全体が大きな名前に安心感を覚え、ブランドで選んでしまうといった傾向にあるのです。

数社のコンペティションになった時、将来を考えると当然信用があるのはネームバリューのある会社であり、名前が大きければ大きいほど有利に交渉が進みます。私の会社では独自の工法の研究を重ねた結果、他のナショナルブランドと比べると随分安い価格で提供できるのですが、それが逆になぜこんな価格でできるのかと怪しまれたこともあります。

安すぎてかえって信頼されないという理不尽な思いもしましたが、そんな時は現場やショールームへきていただいて説明し、決してまやかしの商品ではないことを納得していただきます。ある銀行の支店長などは、「この建築方法の原価がこんなに安いとは今まで思ってもみなかった」といわれたくらいです。

「ブランド商品はよい商品であり、価格が高い」という世間の評価に対して「いい商品を適正価格で」提供していくことが私の会社のモットーです。現在では少しずつではありますが、賛同してくださる方々も増えてきています。これからもさらに研究開発を重ね、お客さまが喜んでくださる商品づくりにはげみたいと思っています。

ショールームに並ぶ夢と生涯の友への思い

そんな時、二〇〇〇年の四月に、松下電工の出資会社の朝日ナショナルの和中氏という方と出会いました。彼とは年齢が同じということもあり、話すほどに親しくなりました。私の友人とともに三人で「丙午会」と称して、「若い世代の人たちが家を持てるような社会をつくるんだ」、また「これからの日本経済は自分たちが向上させなければいけない。二一世紀のリーダーは自分たちだ。今自分たちが協力し、結束を固めて、もう一度豊かな社会をつくるんだ」と建築業界だけではなく、将来の夢、日本の未来について会うたびに語り合っていたのです。

同じ考えを持つ者同士、信頼関係はすぐにできあがりました。話すたびにお互いの考えに共鳴し、高め合ったものです。立場は違うとはいえ、共通の思いを持ち、同じ方向に向かって歩き出していることの喜びを感じました。そしてそれならば、一緒にやっていこうということになり、彼の取り計らいで松下電工の商品を入れられるようになったのです。松下電工ナイスビルダーズグループとして、具体的に夢が実現し始めたのです。

私のショールームに松下電工の商品が並び、「舞台は整った。さてこれから夢を実現させるために、一歩一歩着実に歩き始めるんだ」と思っている矢先に突然訃報が届いたのです。

「和中氏、死去。享年三四歳」

七月三十一日のことでした。

あまりにも突然の訃報に信じられない思いで葬儀に駆けつけましたが、遺影の笑顔はつい先日のように思える和中氏であり、これが嘘であって欲しいと願うばかりでした。志半ばにして突然病に倒れられた彼はさぞ無念だったことでしょう。何の力にもなれなかった私ですが、彼との共通の仕事である、松下ナイスビルダーズグループとしての契約を、彼の四九日までに必ずとってみせるとその遺影に誓ったのです。

葬儀の翌日、奥さまとお父さまが私の会社にこられ、ショールームに並んだ松下電工の商品をご覧になって、和中氏の功績を涙ながらにいつまでも見つめておられたそうです。

ご迷惑になってはいけないと、日を改めてお宅にお伺いするつもりでしたが、まさか翌日に奥さまとお父さまがこられるとは思わず、私は不在でしたがその思いの深さを知ったのです。

数日後、お線香をあげさせてもらおうとお宅へ伺うと、快く招き入れてくださいました。あえて笑い話などを交えながら私の知っている和中氏の思い出を話していると、最初は笑顔で聞いておられた奥さまの目に涙が溢れ、私の方もあとは何もいえず、ただ涙が流れるばかりでした。

その横でお父さまが、「あなたのことは毎日息子から聞かされていました。『公私ともに信頼できる人に巡り合えた。これからは僕たちの時代になる。彼とならやっていける。頑張って夢を実現させるんだ』と目を輝かせていっておりました。入院中もあなたのご迷惑になるまいと病気のことは伏せておりましたが、三田さんの会社のショールームに松下電工の商品が並ぶのを誰よりも喜んでおりました」

亡くなってなお、彼の思いの深さを知り、その霊前にナイスビルダーズグループの商品で契約をとって四九日にお墓へ報告することを誓ったのです。

会社へ帰り、スタッフ一同を集めて「次の契約は和中さんの弔い合戦だと思ってくれ。皆も知っているように、会社が電工の商品を入れられるようになったのは彼の甚大な協力があってこそなんだ。私は人とのご縁を大切にしているのは皆も知っての通りだ。今回は商売は度外視して、とにかく赤字でもなんでも彼の四九日までに契約をとる覚悟でいるんだ。自分が担当するということではなく、和中さんが担当しているんだという気持ちで営業にあたってくれ」といわずにはおれませんでした。

これは通常では不可能とも思える契約期間なのですが、スタッフも私の心を理解してくれ、誠心誠意営業したおかげで約束を守ることができました。契約書には、松下電工の担当者の欄には和中氏の名前が刻まれています。本来なら二人手をとり合って喜びたかったのですが、彼のかわりに担当された方も快く了承してくれ、どうしても彼の名前を入れたかった私の思いが実現したのです。

約束通り四九日の法要の時、霊前に契約書を供えにいきました。私たちの心をあらわすような晴れわたった秋の空から「三田さん、ありがとう。これで思い残すことはないよ。これからも、私の分までいい家をつくり続けてくれよ」という和中氏の声が聞こえてくるようでした。

知り合って数カ月。和中氏の協力のおかげで今では積水、住友林業、パナホーム、トヨタホームなどと同格のハウスメーカーとしての展開も堂々とできるようになったのです。この松下電工という名前のおかげで取り引きは楽になり、幅の広い事業展開ができるようになったのです。

私の方こそ、最良の仕事のパートナーであり、生涯の親友とまさかこんなに早くお別れするとは思いもよらないことですが、彼の思いに感謝するとともに、彼の遺志をどんなことがあっても実現させようと思わずにはいられません。

少数精鋭のスタッフとともに夢の実現へ

阿倍野区鶴が丘で三人でスタートした事務所もスタッフの入れかわりを繰り返しながら、常時五人くらいになったところで、現在の堺市北安井町に営業統括本部を設置しました。当時は施工面積三〇〇坪に五人のスタッフですから当然広すぎ、その空間を有効に利用するというよりは、広さを持て余していたといったほうがいいかもしれません。

しかし事業の基盤はできていたわけですから、少しずつその規模を拡大するつもりで、いつかはこの広さに見合うだけのスタッフになるまで事業を大きくするんだと思い、私はこの広さを満喫し、出勤するたびに闘志を燃やしていたのです。

まだまだ十分の余裕がありますが、おかげさまで現在ではやっと十五名を数えるようになりました。この十五名というのは現在の私の事業では、仕事がスムーズに進められるぎりぎりの人数ですが、少数精鋭という言葉通り、それぞれの持つ特性を十二分に発揮し、おのおのの身体が許すかぎりの仕事を精力的にこなしてくれます。彼らは、どこの会社のスタッフにも負けない仕事をしてくれると自負しています。

事業を始めた当時は私もまだまだ未熟であり、自分もまた経営者というよりはスタッフの一員として日夜走り回っていたので、スタッフの特性を見抜く余裕などなかったのでしょう。スタッフに自分がしてきた経験や行動のすべてを求めるという、今考えれば随分無理な要求をしてきたと反省します。私の理不尽な要求に納得できず、去っていったスタッフもいますが、現在頑張ってくれるスタッフはよく辛抱してついてきてくれたと日々感謝する毎日です。

今日では若輩ながら経営者としての経験も積み、現在のスタッフに至るまでには紆余曲折ありながら、私もスタッフの特性を少しは理解できるようになりました。

私の信条である負けじ魂、強い意志、そしてハングリー精神を持っている人であれば、それぞれの特性や感性、個性に合わせて自分の分野の仕事を責任を持ってしてくれればいいと思うことができるようになりました。

現在のスタッフは私の心を理解してくれ、お客さまに対して誠実であり、正直であり、身体や時間を厭わず、自分にできる精いっぱいの仕事をしてくれます。お客さまの喜ばれることを皆で喜び、会社の繁栄を心から願ってくれているのです。

私の方がスタッフに教えられることも多く、スタッフが一生懸命考えた企画をヒントに成功したプロジェクトも数多く、このスタッフたちのおかげで事業も少しずつ拡大してきたのだと信じます。これからも皆で心を一つにして、まだ見ぬ夢の実現に向かって邁進していきたいと思っております。

事業が大きくなれば当然スタッフも増えていくでしょう。しかし、この心根だけは永久に変わらないものと信じています。

母に誓う「いい家づくり」への情熱

私は人生の節目節目に出会ったさまざまな人との出会いによって、今日の私があると信じています。右も左も分からない私に時には厳しく、時にはこれ以上望めないほどの優しさで、私の事業欲をかきたてていただいたおかげで、今日、当時の私には想像もできない仕事をさせていただいています。

またその時々においての私自身の運の強さにも随分助けられました。もちろん現在やっと経営者としての末席に座らせていただいたところであり、大先輩の中には、私が今後いくら努力をしても足下にも及ばない方がたくさんいらっしゃいます。けれどもこの素晴らしい方々との出会いと、運の強さだけは誰にも負けないと自負しております。

私を支えてくれたスタッフたち、人生のよき指導者である先輩方、また同じ土壌でよりよい仕事を競い合う同業他社の皆さまたちには日々感謝する毎日です。そして何より、未熟な私を信頼し、身に余る仕事を依頼していただいたクライアントの皆さまがあってこそ事業を継続していけるのです。

私の負けじ魂に火をつけていただいた阿倍野区のお金持ちの方は、その後私を信頼してくれ、その方の持つ不動産について私に相談してくれるまでになりました。もちろんその方のおかげで奮起し、会社を設立できたご恩は多大なもので、私にできるかぎりの協力をさせていただいています。大先輩に当たるその方は現在も未熟な私、および私の会社のためにご指導いただいています。

平成十一年八月二二日、テレビ出演という機会に恵まれました。私には考えてもみないお話だったのですが、これを新たな出発の時と、恐縮しつつお受けさせていただきました。いみじくもこの放映の日に母は亡くなりました。「三田という名を表舞台へ出してね」といっていた母とのお別れの時である、この日が出発の時だと思わずにはいられません。

「いつもごめんね。これから飲みにいくんでしょ？　ホテルで友達と飲むんでしょ？　もういいから早く帰りなさい」

私は実家から病室へ面会にきているのに何をいっているんだろうと思いながら帰ったのが、母と交わした最後の言葉です。私が楽しそうに友と語らい、酒を酌み交わしているところを夢に見てくれていたのなら嬉しいと今思っています。

母の生きている間に私の建てた家で暮らすことができなかったことが悔やまれますが、お客さまに喜んでいただけるために、自分の時間を費やし自分にできるかぎりのことをしようと、日夜駆け回る毎日を母は誰よりも喜んでくれていると信じます。

やっと事業も軌道に乗り、胸を張って母を大阪へ呼び寄せようと思った矢先に病に倒れ、そのまま永遠の別れとなった母の商売の姿勢が、いつのまにか身に付いていたことを感じます。

「カエルの子はカエル。お客さまの喜びこそがお前の商売への情熱をかきたてるんだよ。約束を守ってくれたね。私は自分が暮らすことよりも、あなたのつくった家でお客さまが幸せに暮らせることが何よりの幸せなんだよ。私は安心してお前のゆく末を見守っているから、これからもお客さまに尽くすことを忘れるんじゃあないよ」

と笑っているような気がします。

私がこれまで建築関係に携わってきたのは、いつの日にか母が安心して暮らせる家をつくりたかったからです。私のつくった家に住む母の喜ぶ顔を見るのが私の夢でもあったのです。それは今や実現することはありませんが、私がお客さまにいい家を提案するのを誰よりも喜んでくれるのも母であると信じています。

私がお客さまに喜んでいただけることを何よりの幸せだと感じる同じ気持ちで、母もまたそれを喜んでくれるでしょう。母と今生の別れをしたその時に、これからもお客さまの喜びを自分の喜びとし、お客さまが幸せになれる家をつくり続けることを誓ったのです。この信念は必ず貫く覚悟です。

未だしょっぱいあんパンの味がいつの日か甘く感じられるように、今後も正直に、誠意ある事業を営んでいこうと思っています。

住まいがつくる家族の絆　I

家という自分の城についていろいろと述べてきましたが、いい家というのは、何よりもまずそこで暮らす人たちによってつくられるものです。それは夫婦であり、親子であり、兄弟だけにとどまらない場合もありますが、この関係によって結ばれた親族関係を基盤にして成立した小さな集団といえます。これが社会構成の基本単位であり、この基盤が堅ければ堅いほど生活が安定し、他との交流も速やかに育むことができると考えます。

自分の城を持つに至るまでに行なわなければならないさまざまな条件や問題を考慮し、解決しながらやっと手に入れた夢のマイホームであったとしても、そこで暮らす人の関係が健康でなければ、安定した生活は望むことはできません。それは立派なだけのモデルハウスでしかないのです。

二〇世紀の日本での最大の出来事である第二次世界大戦で焼け野原になった日本の復興は

目覚ましく、私たちの親の世代の人々が経済においても産業においても、日本が世界の水準に達することができるまで頑張って働いてくれたおかげであることは、戦争とともに忘れてはいけないことです。日本という国を一つの大きな家族と考えると、働き盛りの父親が家族を思い、国を思い一生懸命働いて生活を支えてくれたのです。

私が子どもの頃にはまだ仕事の忙しい父親、家事、育児に一日働く母親のかわりに子どもの面倒を見てくれるお年寄りが家におり、近所のお兄さんやお姉さんが小さな子どもと遊んでくれるということが、日常の生活の中では普通に行なわれていました。

時には優しく、また悪いことをすれば本気で叱ってくれる隣のおじさんがいたものです。一つの家族があり、隣近所の和があり、町内会を構成していたといえます。そこにはたとえモノがなくても大きな愛があったのです。

急速な経済成長とともに、短い間に社会は大きく変わり、家族や愛よりも個人が重んじられ、プライバシーが大切にされるようになったことによって、こういった温かさまで失われたように思います。しかしその側面では、先の阪神淡路大震災時、日本中の多くの若者たちが被災地に駆けつけ、被災者の方々に心から喜ばれたこと、またボランティアグループの誠心誠意の活動は、個人主義の代表であると思われていた若者たちの心暖まる行動として記憶に新しいことでしょう。

もちろん個人のプライバシーは大切で尊重すべきであり、決して現代を否定するのではありません。しかし、先人の教えや昔のよい風習、日本の心というものはいつまでも継承していくべきものだと考えるのです。

住宅に対する考え方も大きく変わり、ひと昔前には購入であれ、賃貸であれ、最初に住まいを構えたところに一生暮らし続けるという人が一般的でした。けれども現代、特に若い世代の人たちは結婚、出産、また子どもの就学といった人生の節目の時期に住宅を買い替え、または建て替えることが多く見られます。

あるいは夢を描いた最初のマイホーム、次に家族が増えることによって手狭になり、少し大きな家に買い替え、さらに老後を夫婦でゆったりと暮らすためにシンプルにというふうに、人生のその時々に暮らしやすい形の家を求めているようです。

しかし、それを実現するためには当然多額の資金が必要であり、年齢に応じた経済力が必要となります。私の会社では「住まい」を「人生」と考えて、それが実現できるプランを現在検討中であり、少しでも早くそれが実現できるよう、日夜努力しています。住まいという仕事に携わることにより、お客さまにとって豊かな素晴らしい人生を、その住まいとともにつくっていって欲しいと願います。

家というものは家族によってつくられるものですが、家に対する考え方はたとえ血の繋がった家族であっても実にさまざまであり、家族の中でも個々では違うものです。特に住宅購入の際には家族それぞれの思いがあり、趣味や好みがあり、それぞれの感性により、望みをとり入れながら、専門家と検討しながらつくっていくのですが、完成し、実際に住んでみると一〇〇％満足できることはまず難しいものです。

私も最近家を新築したのですが、仕事柄住宅に対する経験もあり、人より以上に多くの住宅を見ているので完璧を求めて建てた家にもかかわらず、一〇〇％満足しているわけではありません。

とにかくゆったりと暮らせるように、また母を引きとり一緒に暮らせるようにと部屋数を多く、また広くつくったのですが、現在家族三人であり、使わない部屋もあります。リビング、ダイニングといった家族団欒の場を広くとっていることには満足で、ここで忙しい日中の疲れを家族との交流によって癒されるのですが、たとえ念願かなって母を引きとることができたとしても、物置きになる部屋ができたでしょう。

住まいがつくる家族の絆　II

このように建てる時には将来のことを踏まえた家族構成や、ライフプランを考えるのですが、これはあくまでも建てる時のプランであり実現するとはかぎりません。子どもは授かりものであり、生あるものは必ず死を迎えるものです。新築する時には当然夢を持ち、その夢が実現されるものと酔い痴れてしまいます。しかし、それが現実となると、どうしても格差が生じるものです。

その格差をできるだけ少なくするために、ある程度リフォームしやすい家をつくることも一つの方法です。例えば子ども部屋を大きくとっておいて兄弟が増えれば、真ん中で仕切ることでプライベートスペースをとるといったことで解決できます。

しかし私が一番大切に思い、提案していることは家族みんながゆっくり座り、会話のできるスペースをつくるということです。それにはリビング、ダイニングを家の中心と考え、家族が団欒できる大切なスペースと考えることです。これが安定していれば、将来において家族プラン、人生設計が違ってきても、その家族においては絆が揺らぐことはないのです。

プライベートなスペースは大切であり、個人の時間も大切です。けれども家族の在るべき姿というのはやはり、愛情をもって子どもを育む親の姿であり、親や年長者を敬う子どもであり、兄弟が仲良く育つことであると考えます。

長い人生にはさまざまな事柄が起こります。いくら家族といえども問題が起きることがあるものです。しかし、そこで常に会話のできるスペースがあれば、そこで解決できることも多いのではないでしょうか。

一日の始まりをそこで迎え、同ダイニングで食事をする。そして同じ玄関から職場や学校へ出かけ、そして一日の終わりにはまた同じダイニングで食事をしてリビングで語らう。そういう日常が家族の原点であり、家というものの在り方ではないでしょうか。

家族にはその数だけ捉え方も、生き方も人生も違います。けれども家族というもの、家というものの原点は同じだと考えます。家族が皆お互いの話を聞き、思いやることが皆の幸せであり、家族の幸せに繋がるのではないでしょうか。

そして、そんな家づくりに携わることのできる私もまた幸いです。

おわりに

本書では私の願う「家づくり」というものについて数々のことを述べてきましたが、今改めて家というものの大切さを痛感しております。いい家というのは、何よりもまずそこで暮らす人によってつくられるものです。

暮らす人が幸せであるならば、それは何よりいい家であるという証明になるでしょう。家を「住まい」と捉えた時、そのことの意味の大きさを感じます。

私自身、住宅産業に携わる者として、常にいい家づくりを目指し、日夜努力を続けていますが、家づくりを通してできるいろんな方々との交流が、さらにその意欲を沸き立たせてくれるのです。また完成時のお客さまの喜ぶ顔を見せていただくにつけ、そのご家族の幸せを分けていただいております。

私のような若輩者で、人生で紆余曲折ありながら、今日ここにおいて住宅産業に携わることができるのも、これまでご協力していただいた多くの方々のおかげです。またご指導をいただいたお取引先さま、諸先輩の皆さま方、そして私と同じ心根で「家づくり」に真摯な姿勢でとり組んでくれるスタッフのおかげであることはいうまでもなく、感謝の気持ちは言葉ではいい尽くせません。

この感謝の気持ちを糧にまた新たな心で励みたいと思います。今後も皆さまにとって豊かな人生を、その住まいとともにつくっていって欲しいと願ってやみません。

「家づくり夢づくり」

これを私の生涯の使命として今後も励んでいきたいと思います。本書が、将来において「家づくり」を考えておられる皆様方のお役に立つことができれば幸いです。

最後に、本書を出版するにあたってご尽力いただいた皆さま方に感謝を捧げます。

二〇〇一年　春

三田弘恵

【著者紹介】

三田弘恵（みた・こうけい）

1966年、広島県呉市生まれ。

1984年、単身大阪に出る。

以来出版社、建設会社、不動産会社などに勤務。その間現地、現場に足を運び、徹底的に実学を習得。

主として、住宅の開発、建設、販売に携わり、数多くの購入者や施主と直接に接するなかで体験した山積する問題点に独自の視点と行動力をもって取組む。

特に住まいと家族の幸福との密接な関係を重視しており、近年は「住まいと家族のアドバイザー」として、住環境に関するあらゆる相談を受けている。

1992年、㈱サンフィールド設立。1999年、㈱ミア・カーサ設立。2000年、㈲パトリア設立。現在、各企業の代表を勤める。

株式会社　サンフィールド
本部
〒590-0062 大阪府堺市北安井町1-1　サンフィールド堺ビル
TEL.0722-22-1111 FAX.0722-23-1101
本社
〒545-0021 大阪市阿倍野区阪南町5-2-30　サンフィールド阿倍野ビル2F
TEL.06-6625-1111 FAX.06-6625-1110

家づくり　夢づくり

2001年5月19日　第1刷発行

著　者　三　田　弘　恵
発行人　浜　　　正　史
発行所　株式会社　元就《げんしゅう》出版社
〒171-0022 東京都豊島区南池袋4-20-9
サンロードビル301
電話　03-3986-7736 FAX 03-3987-2580
振替　00120-3-31078
印刷所　東洋経済印刷
※乱丁本・落丁本はお取り替えいたします。

ISBN4-906631-68-1　C0052